요즘 저는 아버지께 책을 읽어 드립니다

요즘 저는 아버지께
책을 읽어 드립니다

지은이 | 김소영
초판 발행 | 2023. 6. 28.
등록번호 | 제1988-000080호
등록된 곳 | 서울특별시 용산구 서빙고로65길 38
발행처 | 사단법인 두란노서원
영업부 | 2078-3352   FAX | 080-749-3705
출판부 | 2078-3331

책 값은 뒤표지에 있습니다.
ISBN 978-89-531-4515-3   03230

독자의 의견을 기다립니다.
tpress@duranno.com   http://www.duranno.com

두란노서원은 바울 사도가 3차 전도여행 때 에베소에서 성령 받은 제자들을 따로 세워 하나님의 말씀으로 양육하
던 장소입니다. 사도행전 19장 8-20절의 정신에 따라 첫째 목회자를 돕는 사역과 평신도를 훈련시키는 사역, 둘째
세계선교(TIM)와 문서선교(단행본잡지) 사역, 셋째 예수문화 및 경배와 찬양 사역, 그리고 가정·상담 사역 등을
감당하고 있습니다. 1980년 12월 22일에 창립된 두란노서원은 주님 오실 때까지 이 사역들을 계속할 것입니다.

책 읽어 주는 여자, 김소영의 독서 치유 에세이

요즘 저는 아버지께
책을 읽어 드립니다

김소영 지음

두란노

유독 깊은 감동과 위로를 주는 책이 있습니다. 《요즘 저는 아버지께 책을 읽어 드립니다》가 그렇습니다. 저자는 성공을 향해 힘든 삶의 무게를 혼자서 이고 지고 버텨가다가 예기치 않게 맞닥뜨린 인생의 막다른 골목에서 성경과 책을 통해 삶의 주인 되신 하나님을 만나 치유를 얻고 삶이 더 깊어졌습니다. 그리고 그 치유를 13년째 병상에 계시는 아버지와, 아버지의 곁을 지키고 계신 엄마께도 흘려보냈습니다. 관점이 바뀌고 내면이 성숙하는 과정을 담담히 담아내는 글을 읽다 보면 우리에게도 위로가 전해집니다. 특별히 하나님이 허락하신 말씀과 이야기가 우리 삶에 역사하는 경험을 합니다. 이 책을 통해 하나님의 위로와 회복이 더 많은 이들에게 흘러가기를 기도합니다.

이재훈_온누리교회 담임목사

우리에게 가장 소중한 것들의 특징이 있다. 누구에게나 주어진다는 것, 날마다 사용한다는 것,
그러나 그 가치나 의미를 놓치기 쉽다는 것이다. 언어가 그중 하나 아닌가? 언어를 잃고 나면 누구나 언어만큼 존재해 왔다는 사실에 놀란다. 작가는 병상에서 아픔을 겪고 있는 부모님께 책을 낭독해 드린 이야기를 통해 언어의 기적을 증언한다. 언어 속에서 피어난 말씀의 생명력을 증언한다. 책과 성경을 낭독한 행

위로 누가 어떻게 회복되었는지를 고백한다. 그리고 이 시대가 잃어버린 것이 무엇인지, 마음의 회복이 필요한, 삶의 여정에서 막다른 길에 부딪혀 어디로 가야 할지 모르는 이들이 어떻게 회복될 수 있는지를 일깨운다.

조정민_베이직교회 담임목사

자신의 삶의 자리에서, 길을 찾기 위해, 병상의 아버지를 위로하기 위해 무던히 공부하고, 고민하고, 행동했던 저자의 글을 읽으며 문득 20여 년 전 잡지사 근무 시절, 만삭의 몸으로 광고주 앞에서 프레젠테이션을 진행하던 그녀의 모습이 떠올랐다. 깊이 생각하고 찾아낸 내용을 설득력 있게 이야기하는 모습은 여전하다.

신앙인으로 시선은 하나님께 두고, 엄마로, 효심 지극한 딸로 체험을 바탕으로 한 이야기라 글이 신뢰가 가면서도 생명력이 있다. 아버지에게 책을 읽어드리고, 대화하는 부분에서는 돌아가신 나의 외할머니, 부모님이 생각나 눈시울이 뜨거워졌다.

책의 내용 중, '막다른 골목에서 눈부신 나를 만나다'라는 구절이 마음에 와 닿았다. 이 책이 인생의 '막다른 골목'에 다다른 많은 이들에게, 길을 찾는 영혼에게 위로가 되길 바란다.

박용만_벨스트리트파트너스 회장

우리는 저마다 인생의 고통스러운 페이지를 간직한 채 세속의 가치들을 좇으며 정신없이 살아간다. 누구나 고통과 고난에서 자유로울 수 없다. 그러나 저자는 고통과 고난에는 뜻이 있다는 단순한 진리를 담담하게 우리에게 전한다. 책을 읽다 보면 저자와 그의 가족은 고통 안에 있지만 누구보다 값진 행복을 누린다. 그 모습은 건강하고 치열하게 살면서도 진정한 인생의 행복을 누리지 못하는 많은 이들에게 경각심을 준다. 진정한 행복과 기쁨은 어떤 것인지 생각하게 해준다. 어려움을 싫어하는 우리 모두에게 고난 속에 더 깊은 기쁨이 숨어 있다는, 그리고 그 기쁨을 찾는 것은 우리 몫이라는 위로를 이 책을 통해 받기를 바란다. 훌륭한 책을 출간한 저자 김소영 씨와 그녀의 가족 모두에게 축복과 응원을 보내고 싶다.

한승헌_에르메스 코리아 대표이사

저자는 자신의 커리어가 가장 정점일 때 주님께 모든 것을 내려놓는 담대함과 믿음의 용기를 보여 주었습니다. 온전하게 자신의 모든 것을 하나님께 맡기는 모습에서 큰 울림을 얻었는데, 아버지의 영혼 구원을 위해 2년간 매일 삶에서 노력했다고 하니 감동까지 더합니다. 저자의 이러한 노력은 일반적인 사랑의 효도를 넘어서는 일이라 생각합니다. 그 결심과 각오, 그리고 깨달음이 깊은 신앙의 삶을 통해 영적으로 깨어 기도하며 현실 삶 속에서 실천한 그 모든 과정에 박수를 보냅니다. 이 책의 구절마다 읽는 사람의 마음에 닿아 감동과 위로를 전하기를, 아울러 삶의 궁극적 목적은 하나님 안에서 늘 자신을 깨우치며 풍요로운 삶을 사는 것임을 느끼게 되기를 바랍니다. 이 책이 말씀과 기도로 자신을 돌보고 주어진 은혜와 사랑을 나누며 살고자 하는 모두에게 큰 도움이 되리라 믿습니다.

이자희_평택대학교 재단 교육이사,
(전)우송대학교 디자인학부 교수

이 책에 담긴 글은 저자의 성격만큼이나 진술하고 단정하다. 책을 받은 순간 앉은 자리에서 다 읽어 버렸다. 이 책에서 저자는 자신의 일상을 통해 누구나 겪고 있는 두려움과 절망, 슬픔과 기쁨, 안식을 이야기한다. 또 인생에 찾아오는 고난과 선택의 기로에서 반드시 하나님을 만나게 된다는 사실을 증언한다. 죽음의 문턱에서 다시 돌아오신 아버지가 똥을 치우는 아내의 수고를 덜기 위해 식사를 거절하셨다는 대목은 너무나 슬프다. 26년 전 내 아버지와의 이별이 생각난다. 아버지는 마지막 병상에서 나에게 병을 이기지 못해서 미안하다고 하셨다. 아버지와의 마지막 시간을 보내기 위해 매일 점심시간마다 도시락을 사 들고 입원실을 찾았다. 아버지는 링거로만 연명하는 처지에 나더러 맛있는 거 사 오라며 메뉴를 정해 주기도 하셨다. 먹는 거 구경하는 것만으로도 기분이 좋다면서 말이다. 이처럼 우리는 누군가의 딸이고 아내이고 엄마이기에 저자의 이야기가 바로 내 이야기처럼 들린다. "오, 주님! 나의 훌륭한 딸에게 빛을 비춰주소서!" 저자의 아버지가 드린 기도는 바로 우리네 아버지들의 기도이기도 하다. 부디 그녀가 아버지에게 로마서를 낭독해 드릴 수 있기를 주님께 기도드린다.

> "성령도 우리의 연약함을 도우시나니… 오직 성령이 말할 수 없는 탄식으로 우리를 위하여 친히 간구하시느니라"(롬 8:26)

손기연_엠씨케이퍼블리싱 대표

"닥터 차정숙"이라는 드라마에서 나도 모르게 엉엉 울었던 장면이 있습니다. 다 큰 애들을 둔 중년의 차정숙이 남편의 내연녀와 혼외 자식까지 알게 된 괴로운 상황에서도 친정엄마의 전화에 눈이 동그래져서는 세상 가장 경쾌한 목소리로 "엄마!" 하고 전화를 받는 장면입니다. 차정숙의 처지가 처량하면서도 부러웠습니다. 5년째 병상에 누워 말씀을 거의 못 하시게 된 엄마를 생각하면, 저는 아마도 영영 수화기 너머 엄마의 목소리는 들을 수 없을지 모릅니다. 그러던 중에 회사에서는 상사로, 이제는 인생 선배로 제 마음에 자리한 저자의 《요즘 저는 아버지께 책을 읽어 드립니다》를 읽었습니다. 아버지께 읽어 드린다는 낭독 파일도 함께 받아 들었습니다. 그 순간 이 책에 담긴, 느리지만 꽉 채워진 정성의 시간들이 한꺼번에 쏟아진 것처럼 압도되었습니다. 저자의 가족을 향한 사랑과 용기가 엄마의 목소리만 기대하고 슬퍼했던 저를 꾸짖습니다. 내가 사랑하는 이가 목소리를 내 주지 못하면 내가 그에게 목소리를 전하면 된다는 간단하지만 강렬한 진리를 알게 해 주었습니다. 저자의 이러한 위로와 사랑을 더 많은 사람이 마음에 담기 바라며, 이 책을 추천합니다.

강주연_HLL중앙주식회사 CEO&대표이사

《요즘 저는 아버지께 책을 읽어 드립니다》를 읽고 주저앉아 흐르는 눈물을 닦으며 생각했습니다. 친정아버지가 살아 계신다면 얼마나 좋을까. 저자의 아버지는 얼마나 행복하실까. 27년 전 돌아가신 아버지 생각에 먹먹하기도, 부럽기도 했습니다. 우리는 어린 시절 부모님이 읽어 주신 동화를 밑거름 삼아 성장합니다. 그러나 점점 글 읽기 어려워지시는 부모님께 책을 읽어 드릴 생각은 한 번도 못 하며 살아가는 것 같습니다. 저 역시 그랬습니다. 그런데 저자는 그 일을 뛰어난 기획력과 성실함으로 해냅니다. 주신 은혜를 눌러 담아 위로와 감동, 사랑으로 돌려드립니다. 더불어 기록을 통해 주변으로 흘려보냅니다. 이 책은 그 자체로 간절한 기도문이자, 살아 있는 간증이라는 생각이 들었습니다. 쉽게 소비되는 요즘 콘텐츠들과는 구별되는, 오랫동안 소장하고 싶고 선물하고 싶은 책을 만들어 냈습니다. 사랑하는 사람 100명에게 이 책을 선물하고 싶습니다.

심은하_인앤인 대표 크리에이터, 방송작가

저자는 13년 전 낙상사고로 누군가의 손길 없이는 단 하루도 살아낼 수 없는 아버지를 위해 책을 읽는다. 그 모습이 언젠가의 나처럼 도무지 끝이 보이지 않는 터널 안을 걷고 있는 것만 같아 가슴이 아려 왔지만, 그 틈새에 피어나는 가느다란 빛은 이따금 나를 미소 짓게 한다. 빛의 근원이 저자가 아버지에게 들려주는 '이야기'라는 것이 무척이나 반갑다. 내가 통과해 온 어떤 시간 안에도 게걸스럽게 읽어 나간 '이야기'가 있어 그 시간의 고됨이 상쇄되었다.
저자의 목소리로 전해지는 갖가지 '이야기' 덕에 이 가정에도 웃음이 제법 잦게 부유한다. '글'이라는 것이 누군가에게 얼마나 큰

　요즘 저는 아버지께 책을 읽어 드립니다

위로가 되고, 살아갈 힘이 되는지 이번엔 저자가 글로 증명한다. 저자가 겪은 진귀한 경험을 부디 많은 사람이 나눌 수 있었으면 좋겠다. 나는 저자의 선한 영향력을, 그 귀한 마음을 조심스럽게 사랑하고 응원한다. 이 책을 만난 독자들 또한 그 마음을 사랑하게 될 것이라 확신한다. 어쩌면 나보다도 더.

성현주_희극인, 《너의 안부》 저자

매일 아침 엄마, 아버지 힘내시라고 책을 읽어 보내는 딸의 녹음 파일을 틀어 놓고 남편 아침밥을 챙깁니다. 오랜 세월 병석에 누운 남편도 딸의 목소리를 들으면 얼굴에 미소가 걸리면서 생기가 돌지요. 고난 속에서도 버티는 힘은 삼 남매의 지극한 효심과 맏딸의 사랑의 목소리 덕분입니다. 딸의 책 읽어 주는 목소리를 들을 때마다 하나님의 "힘내거라" 하시는 목소리를 듣는 것 같았습니다. 처음에는 우리 가족에게 왜 이런 일이 생긴 걸까 하는 생각에 화가 나기도 했지만, 지금은 이 어려움조차 감당하고 살수 있음에 감사합니다. 서로 힘을 합쳐 고난도 이겨 낼 수 있는 사랑의 가족이 되었으니까요.

모연금_저자의 어머니

Contents

✦ **Part 1.** 막다른 골목에서 눈부신 나와 만나다 25

1. 고난 속에도 삶은 의미가 있다
2. 인생의 우선순위
3. 가슴 뛰는 여정
4. 살림 인문학
5. 천생연분 찾아가기
6. 하나님의 추천서
7. 진리가 내 삶을 자유롭게 하다
8. 게임에서 배우는 삶의 전략
9. 교만과 불평의 망토를 벗어던진 날
10. 인생을 바라보는 렌즈
11. 내 몸 공화국에서의 리더십
12. 생명이라는 선물

요즘 저는 아버지께 책을 읽어 드리고 있습니다.

2010년 2월, 산책을 나가셨던 아버지는 집 앞에서 미끄러지는 바람에 뇌와 몸을 연결하는 경추 3, 4번에 골절을 입으셨습니다. 목 아래로 신경이 마비되며 몸을 전혀 움직이지 못하게 되셨고, 지난 13년간 좁은 병상에 갇혀 먹는 것부터 배설하는 것까지 당신의 일상을 모조리 타인에게 내어 맡겨야 하는 힘든 삶을 살아오고 계십니다.

어머니는 그 오랜 세월 사지마비 남편을 간병하며 지칠 대로 지치셨는지, 하나님이 있다면 삿대질이라도 하고 싶다며 당신들의 운명을 한탄하셨습니다. 그러면서도 내가 무너지면 자식들이 고생하니 어떻게든 남편을 마지막까지 책임져야 한다는 생각으로, 스트레스와 피로로 만신창이가 된 몸 이곳저 곳을 파스와 약으로 달래 가며 지금까지 오셨습니다.

너무나 가슴 아픈 상황이었지만 정작 딸로서 제가 할 수 있 는 일은 많지 않았습니다. 친정에 가서 아버지 대소변 수발이 라도 거들려고 하면, 자존심 강한 아버지는 딸에게 당신의 몸 을 내보이기 거북해하시며 엄마나 남동생들을 찾으셨고, 자식 아끼는 마음이 지극하신 어머니는 내가 감당할 테니 너희는 회 사 일 잘하고 자식들 잘 챙기라며 근처에도 못 오게 밀쳐 내시 곤 했습니다.

어느 날, 도서관에서 '책으로 사람을 치유한다'는 뜻의 《비 블리오테라피》라는 책을 만났습니다. 나 역시 책과 성경을 통 해 삶의 진정한 의미를 찾고, 자유로워지고, 행복해졌기에 이 거다 싶었죠. 그날, 저는 아버지께 책을 읽어 드려야겠다 마음 먹었습니다. 처음에는 아버지 옆에서 읽어 드렸는데, 귀가 어 두우셔서 소리를 질러야 하는 데다, 그마저도 팬데믹으로 자 유롭게 왕래하기가 어려워지는 바람에 이어 가기가 쉽지 않았 습니다. 고민 끝에 매일 아침 녹음기를 켜고 책을 낭독했습니 다. 어머니에게 녹음 파일을 보내 드리면 두 분이 같이 들으셨 습니다.

처음엔 책이 익숙하지 않으신 아버지의 마음을 열기 위해 쉽게 다가갈 수 있는 문학작품을 골랐습니다. 《로빈슨 크루소》로 시작해, 《노인과 바다》 《천로역정》과 같은 소설과, 시집, 우화집을 통해 책의 재미를 느낄 수 있게 해 드렸죠. 그다음은 진리의 이야기가 실제 삶 속에 살아 있는 에세이집과 역사서들을 낭독했습니다. 특히, 열혈 축구 팬이신 아버지는 손흥민 선수의 아버지 손웅정 씨와 이영표 선수의 책을 많이 좋아하셨습니다.

처음엔 그저 외로워 보이는 아버지를 위로하고자 하는 마음으로 시작한 일이었는데, 시간이 지나면서 하늘을 원망하고 계신 아버지께 하나님 아버지의 사랑을 알려 드리고 싶다는 '거룩한 부담감'이 생겨나기 시작했습니다. 특별히 '로마서'를 읽어 드리고 싶다는 비전을 품게 되었습니다. 하나님의 존재를 부정하고 계신 아버지께 성경을, 그것도 재미있는 이야기가 들어 있는 '창세기'나 '출애굽기'가 아닌 복음의 원리를 설명한 '로마서'를 읽어 드리는 일은 쉬운 일이 아니었습니다. 과연 저는 아버지께 '로마서'를 읽어 드릴 수 있었을까요? 그 쉽지만은 않았던 여정의 이야기를 이 책에 담았습니다.

그렇게 지난 2년간 약 30여 권의 책을 500여 개의 낭독파일에 담아 부모님께 드렸습니다. 책을 읽을 때마다 부모님과 저는 신비한 이야기의 세계에 빠져들었습니다. 여러 인물이 나오는 책을 읽을 때는 성격에 따라 다른 목소리와 어투를 써 가

요즘 저는 아버지께 책을 읽어 드립니다

며 연기도 했습니다. 저도 모르던 제 안의 열정이 뿜어져 나오는 것을 느낄 수 있었습니다. 매일 아침 책을 낭독하기 위해 책상에 앉는 순간이 기다려졌습니다. 책 한 권의 낭독이 끝날 때마다 그 여정의 이야기를 정리해 글로 썼습니다. 글을 쓸 때마다 기쁨과 감사의 감정이 복받쳐올라 눈물이 흐르곤 했습니다.

어리둥절해 하시던 부모님도 처음엔 딸의 진심에, 나중엔 상상도 못하던 딸의 재능을 발견하는 재미에 이끌려 조금씩 이야기에 빠져드셨습니다. 책마다 아버지와 어머니의 반응도, 최고라고 꼽으시는 책도 달랐습니다. 오랜 세월 같이 살면서도 부모님에 대해 모르던 것이 참 많았다는 사실도 알았습니다. 또한 그 과정을 통해 부모님의 분신인 저 자신에 대해서도 더 많이 알게 되었습니다. 무엇보다 이야기를 통해 잠시라도 두 분을 갑갑한 일상에서 벗어나게 해 드릴 수 있다는 사실이 제게 큰 위안이 되었습니다.

사람들은 한두 권도 아닌 책을 어떻게 통째로 소리 내어 읽어 드리느냐며 제게 효심이 대단하다고 합니다. 그러나 책과 성경의 치유의 힘을 경험하고 믿게 되었던 과정이 없었다면, 그리고 매일 조금씩 천천히 마음을 바꾸고 삶의 자리를 예배의 공간으로 내어 드리는 신앙 속 삶의 유익을 경험하지 않았더라면 불가능했을 일임을 고백합니다.

지난 몇 년간 제 인생에는 세 가지 질문이 생겼습니다. 첫 번째 질문은 잘 나가던 커리어를 접고 중년에 다시 새로운 길을 찾아야 할 때 생겨났습니다. "나는 누구지? 무슨 일을 하며 살아야 하지? 어떤 길을 가야 하는 걸까?" 두 번째 질문은 아이를 잘 케어하고 싶은 마음에 백방 노력하던 중에 생겨났습니다. "세상은 하루가 달리 변해 가는데 개성이 강한 아이를 어떻게 키워야 하나? 진로와 적성을 찾게 어떻게 도와줘야 하나?" 세 번째는 고난 속에 신음하고 계신 부모님을 향한 질문이었습니다. "신은 인간에게 왜 이렇게 가혹한 고난을 허락하는 것인가? 이대로 어떤 희망도 없는 것일까?" 이렇게 제 인생 가장 간절한 질문들을 하나님 앞에 쏟아 놓았습니다.

질문이 생기고 나니, 그 때부터 엄청난 집중력이 생겼습니다. 공부가 이렇게 재미있을 수가 있다니! 제 인생 진정한 공부는 바로 그때 시작된 듯합니다. 아이들 학교 보내 놓고 도서관에 가서 길, 교육, 고난의 키워드로 찾아 낸 책들을 양쪽에 탑처럼 쌓아 놓고 읽고 또 읽었습니다. 교회 성경 읽기 프로그램과 다양한 교육 과정에 등록해 쉬지 않고 공부했습니다. 제 간절함이 하늘에 가 닿았을까요? 성경 속에서, 책 속에서 제 질문에 대한 답들이 하나씩 하나씩 나타나 제 마음에 와 닿기 시작했습니다. 답답한 상황과 인생의 문제를 바라보는 제 시선이 조금씩 바뀌기 시작했습니다.

"그래서 책으로 부모님이 치유되셨나요?"라고 물으신다면 이렇게 답하고 싶습니다. 몇 년 전만 해도 내가 뭘 잘못해 이런 벌을 받냐시던 엄마가 이젠 당신 인생에 감사할 게 너무나 많다고 고백하십니다. 아버지는 원래 엄마가 행복하면 만사가 오케이신 분이라 병상에 갇힌 삶을 사시면서도 엄마 사는 세상에 더 살고 싶다고 하십니다. 하나님 이야기할 거면 가라고 하셨던 분이 이제는 "주님! 제 딸에게 빛을 비춰 주소서!"라며 큰 소리로 외쳐 기도하십니다.

이 책의 주인공은 제가 아니라 두 분 부모님이십니다. 저는 그저 그분들의 삶의 이야기를 기록하기 위해 컴퓨터 자판을 두드린 것이라고 해도 과언이 아닙니다. 그 오랜 시간 침상에 갇혀 사시면서도 긍정적인 사고방식, 명철함과 유머감각을 유지하시는 나의 아버지 김용찬 님과, 세상 가장 따뜻한 품을 가지고 헌신의 삶을 마다치 않으시는 어머니 모연금 님에게 이 책을 바칩니다.

자신과 가족의 삶을 있는 그대로 드러내는 글을 쓴다는 것은 쉬운 결정이 아니었습니다. 하지만 부모님의 생의 마지막을 아름답게 해 드리는 방법은 부모님이 병중에 계시거나 힘이 없으실 때조차 그분들의 삶이 존중받고 있고 사랑받고 있다는 사실을 느낄 수 있도록 해 드리는 것이라는 어느 목사님의 말씀에 용기를 얻어, 힘든 하루하루를 겨우 버텨 내고 계신 부모님의 삶이 헛된 것만은 아님을, 그 힘든 삶 속에서도 하나님의 뜻에 따라 새로운 희망이 생겨날 수 있음을 보여 드리기 위한 것이었습니다.

신학도도 목회자도 아닌 제가 하나님을 드러내며 글을 쓴다는 게 여전히 자신 없습니다. 그러나 시간이 지나면서, 특별히 책의 출간을 준비하면서 제 글 안에서 길, 진리, 생명의 통로가 되시는 예수님의 이야기를 뺀다면 글 속 가장 눈부신 빛을 놓치는 것이라는 확신이 생겼습니다. 비록 엉성하더라도 너그러운 마음으로 이해해 주시면 감사하겠습니다.

혹시라도 책을 내게 되면, 만듦새에 도움이 될까 하여 몇 개월 전부터 그림을 그리기 시작했습니다. 출판사에서 허락해 주셔서 그림들을 책에 실어 봅니다. 모자라지만 최선을 다해 노력한 진심만 보아주시면 감사하겠습니다. 지도해 주신 힐링터치 김영미 선생님에게 감사드립니다.

설교로 하나님 말씀의 통로가 되어주시고 추천사도 써주신 이재훈 목사님, 조정민 목사님께 감사의 말씀을 드립니다. 존경하는 박용만 회장님, 이자희 교수님, 한승헌 대표님, 옛 동료 손기연 대표님, 강주연 대표님, 그리고 아름다운 글과 작품으로 만나 인연을 맺게 된 심은하 작가님과 성현주 작가님의 추천글에 큰 용기를 얻습니다.

지난 6년간 투덜거리는 저를 믿어 주고, 이야기를 들어주고, 글을 읽어 주고, 용기를 북돋아 준 남편 장학만과, 엄마의 새로운 시작을 응원하며 늠름히 자신들의 길을 찾아 나아가고 있는 제 인생 가장 소중한 축복의 통로인 두 아들, 재원과 재민에게 감사와 사랑의 마음을 전합니다. 또한 가까이서 부모님께 늘 큰 힘이 되어 주는 동생들과 가족들에게도 감사를, 조카 이현, 시준, 지윤에게도 사랑을 전합니다.

성공을 향해 힘든 삶의 무게를 혼자서 이고 지고 버텨 가던 시기에 예기치 않게 다다른 인생의 막다른 골목에서, 삶의 주인되신 하나님이 성경과 책에서 보여 주신 이야기를 통해 잊어버렸던 내 안의 빛과 길을 찾고, 주변과 진한 사랑을 나눌 수 있었습니다. 그 깊은 은혜의 서고에서 찾아낸, 제 삶의 이야기의 두루마리를 조심스레 펼쳐 봅니다.

2023년 6월

김소영 드림

새로운시작 ⓒ 김소영

Part 1

막다른 골목에서
눈부신 나와 만나다

1
고난 속에도 삶은 의미가 있다

청천벽력 같던 아버지의 소식

"아버님이 산책 나가셨다가 넘어지셔서 다들 응급실에 가셨어요."

2010년 2월 10일, 남편이 북경특파원으로 부임하는 바람에 중국살이를 하던 나는 설을 하루 앞두고 엄마 생각에 서울로 전화를 걸었다. 전화를 받은 올케는 믿을 수 없는 소식을 전했다.

곧바로 엄마와 작은 동생에게 연락을 취했다.

"목 디스크가 크게 손상되어서 사지를 못 움직이셔. 오늘 중으로 긴급수술을 받아야 한대."

어떻게든 아버지가 수술실에 들어가시기 전에 얼굴을 뵈어야 한다는 생각이 들어 그 즉시 공항으로 가 서울행 비행기에 몸을 실었다.

병원에서 만난 엄마는 완전히 탈진한 상태였다. 수술 후, 병실을 방문한 주치의에게 물었다.

"운동 신경이 얼마나 회복될까요?"

"아마 수저를 쥐기는 힘드실 겁니다. 이 수술은 휠체어를 타기 위한 목적이 큽니다. 다시 보행하시기는 어려울 겁니다. 신경이라는 게 손상은 쉬워도 회복은 매우 느리게 진행돼서요…."

그로부터 13년이 흘렀다. 아버지는 사고 초반에 비해 크게 호전되지 않은 상태다. 골절된 3, 4번 경추 위쪽 기능은 완벽하다. 그러나 목 아래는 상황이 다르다. 혼자 힘으로 할 수 있는 움직임은 얼굴이 가려울 때 겨우 팔을 들어 긁는 정도다. 그 밖의 모든 움직임은 타인에 의존해야 한다.

수술 후 초반 6개월 동안은 재활 병원에서 운동도 하셨지만 큰 변화는 없었다. 집으로 돌아오신 후부터는 줄기세포 치료, 경락마사지, 중국 침, 벌침 치료까지 가능한 모든 방법을 동원해 봤지만 소용이 없었다. 한때는 보행용 워커에 의지해 본인 힘으로 열 발자국 정도 떼실 수 있었지만 거기까지였다. 좋아지려고 하면 몸살이 오고, 좋아지려고 하면 욕창이 심해져 더는 운동할 수가 없었다. 시간이 가면서 아버지가 움직일 수 있는 범위가 점점 줄어들었다. 지금은 일으켜드려도 앉거나 서서 버티는 것이 불가능한 상황이다.

아버지의 상태가 이러하니, 간병하는 엄마의 고됨은 말로 설명하기가 어려울 정도다. 엄마의 하루는 새벽 6시에 시작된다. 그때부터 아버지 병수발이 시작되는데, 하루 네 번의 소변 빼기, 기저귀 갈기, 아침저녁 세수와 양치, 하루 세 끼 밥 먹이기는 기본이고, 약 먹이기, 머리 긁기, 하다못해 TV 채널 돌리기까지 일상에서 필요한 모든 움직임을 아버지 대신 감당하신다. 일주일에 두 번은 움직이지 못하는 아버지를 리프트에 태워 욕실로 이동해 목욕해 드려야 청결이 유지되고, 일주일에 한 번은 무력해진 아버지의 장을 엄마 힘으로 밀고 쓸어내려 관장해 드려야 한다. 혹시라도 아버지가 배탈이라도 날 때면 많게는 하루 여덟 번까지 기저귀를 갈아 드려야 하고, 욕창 증세가 나타나면 하루에도 수시로 욕창 치료용 테이프를 붙이고 약을 발라 관리해야 한다.

중고등학교 시절 배구선수로 활동하셨던 아버지는 사고 전 신장 178센티미터, 몸무게 80킬로그램의 건장한 체구를 지니셨지만, 지금은 60킬로그램 중반이 되었다. 그런데 이 몸이 마치 막대처럼 굳어져 전혀 힘을 쓰지 못하니, 기저귀를 갈거나 옷을 갈아입기 위해 몸을 이리저리 움직여야 할 때면 엄마는 아버지 몸통 크기만 한 통나무의 무게를 감당해 내야 한다. 출퇴근하는 간병인이 계시기는 하지만 어디까지나 도움을 주시는 것뿐, 모든 간병의 과정과 책임은 고스란히 엄마의 몫이다. 이런 생활을 13년째 이어 가다 보니 엄마는 이가 다 빠지고 만성 입마름 병과 관절염에 시달리신다. 행여라도 엄마까지 탈이 날까 싶어 아버지를 모셔 줄 요양원을 알아봤지만, 장애의 정도가 너무 심해 제대로 간병할 수 있는 곳을 찾기가 어려웠다.

어떻게 고통이 축복이란 말인가

사필귀정(事必歸正)이라고들 한다. 무슨 일이든 결국 옳은 이치대로 돌아간다는 뜻인데, 이 말대로라면 우리 부모님이 처하신 상황은 황망하기 짝이 없다.

아버지는 30년 가까이 한국전력에 철탑을 납품하는 작은 기업체를 운영하셨다. 조심스럽고 고지식한 성격에 사업으로 큰 돈을 벌지는 못했지만, 평생 별다른 굴곡 없이 사업을 운영하셨다. 가족들과 여행, 외식하는 것에서 행복을 느끼던 가정적인 가장이셨다. 사고가 나기 2년 전부터는 사업을

정리하고, 은퇴 후 여행을 다니며 손주 보는 재미에 푹 빠져
계셨다.

엄마는 팔 남매의 맏며느리로 시집 와서 30년 동안 시부
모를 모시고 살며 남편 사업 뒷바라지에 시동생들까지 보살
핀, 그야말로 집안의 기둥이셨다. 1년에 몇 번이나 있었던
제사며 각종 집안 행사를 도맡아 치르셨다. 사람은 제 할 도
리를 해야 발 뻗고 잘 수 있다며 늘 아내, 엄마, 며느리로서
의 책임을 다하셨다. 받는 것보다는 주는 것을 좋아해 남에
게 후하게 베풀며 사셨다. 시부모를 모시면서도 남이 밥 벌
어먹는 자리를 뺏으면 안 된다면서 할아버지 소유의 하나
있는 작은 건물을 작은아버지들에게 양보하시기도 했다. 결
혼한 딸이 어쩌다 남편, 시댁 험담이라도 꺼내려고 하면 절
대 같이 거들지 않으셨다. 도리어 남편과 시부모에게 잘하
라고 하셨다.

그런데 하나님은 어째서 두 분에게 이런 고난을 허락하신
것일까? 왜 이런 황망하기 짝이 없는 상황을 만드시고 우리
기도에 침묵하고 계신 것일까?

부모님의 고난 앞에서 나는 힘없는 딸이었다. 자존심 강
한 아버지, 자식에게는 조금의 부담도 주지 않으시려는 어
머니의 만류로 아버지의 무거운 몸을 들어 드릴 수도, 대소

변 수발을 들 수도 없다. 내가 할 수 있는 일이라고는 절망
에 빠진 부모님을 위해 기도하며, 두 분이 한탄스럽게 내어
놓으시는 질문을 하나님께 올려드리고 답을 구하는 것뿐이
었다. 고난과 관련된 책은 눈에 띄는 대로 구해 읽었다. 성
경도 고난 장이라는 욥기를 읽고 또 읽었다. 예배가 끝나고
나면 교회 서점에 들러 '고난과 광야' 관련 신간들은 모조리
사서 앉은 자리에서 다 읽어 치우곤 했다.

　그 책들은 거의 비슷한 이야기를 했다. '고난은 축복의 다
른 이름이다.' '고난을 통과하면 불순물이 없어지고 순금이
되어 나온다.' '광야에서는 모든 걸 내려놓고 오직 하나님만
바라보고 가는 거다.' 그런데 이런 메시지가 나는 물론 부모
님께도 큰 위로가 되지 못했다. 지금의 부모님 상황이 어떻
게 축복이 될 수 있다는 말인가? 아버지가 다시 일어나실 희
망은 점점 더 사라져 가는데 말이다.

어떤 순간에도 존엄한 인생을 살 수 있는 품위

　빅터 프랭클(Viktor Frankl)의 《죽음의 수용소에서》를 읽었
다. 아우슈비츠 수용소라는 극한의 상황에서 살아남은 정신
과 의사가 들려주는 이야기이니, 이 책이야말로 고난의 의
미에 대해 납득할 만한 답을 주지는 않을까 하는 희망으로

밤을 새 가며 책장을 넘겼다. 책에서 저자는 수용자들을 관찰하며 인간의 여러 군상을 발견하고, 거기에서 바라본 인생의 의미에 관해 이야기한다. 그에 의하면 수용소에서 가장 두려운 존재는 나치가 아니라 카포라고 부르는 유대인이었다고 한다. 카포는 수용자 중 차출되었는데, 나치 편에 서서 수용자들을 학대하는 역할을 맡은 자들이다. 반면, 수용자들 중에는 조금씩 배급되는 빵을 아픈 동료에게 나눠주는 사람들도 있었다. 그런 사람들은 가혹한 수용소의 환경에서도 인간의 존엄성을 지킬 수 있었다. 저자는 "어려운 상황에서도 어떻게 반응할 것인가는 스스로 결정할 수 있으며, 삶을 의미 있고 목적 있는 것으로 만드는 것이 빼앗기지 않은 영혼의 자유이다"라고 했다. 또한 십자가를 짊어지고 나아가는 일은 품위 있는 삶이고 아주 극소수의 사람만이 그 도덕적 수준에 도달할 수 있는 영혼의 위대함을 가지고 있다고 설명했다.

이 대목을 마주하는 순간 갑자기 가슴속에 뜨거운 것이 느껴지더니 설명할 수 없는 눈물이 터져 나왔다. 책장을 손끝으로 쓸어 가며 한참 동안 어깨를 들썩이며 울고 또 울었다. 지난 13년간의 아버지와 엄마의 모습이 떠올랐다. 아버지는 사고 후 허락된 뇌의 기능을 유지하기 위해, 또 감금된 듯한 병상에서 세상과의 끈을 놓치지 않기 위해 하루 2시간에서 4시간 동안 신문을 보신다. 1면부터 마지막 사설까지 빼지 않고 읽으신다. 그래서일까, 아직도 아버지 특유의 명철함과 예리함을 유지하며 시사 문제의 여러 쟁점에 대해 말씀하곤 하신다.

한번은 공부도 많이 하고 경력도 화려한 딸이 애들 키우느라 살림만 하며 사는 것이 안타까우셨는지, 기업들이 여성 사외이사를 많이 찾고 있다는 신문 기사를 서랍에 보관해 놓았다며 꺼내 보고 꼭 지원하라고 하셨다. 손주들이 왔다 갈 때면 엄마에게 지갑의 돈을 손에 쥐어 달라고 하신다. 그러고는 오그라든 손으로 지폐를 겨우 쥐어 직접 손주들에게 용돈을 주신다. 미세먼지가 심해지자 자식들 건강 걱정을 하시며 신문 광고에 나오는 마스크를 여러 박스 사셔서 삼남매 집집마다 나눠 주셨다. 덕분에 코로나 유행 초반 전국적으로 마스크가 동이 나 힘들었을 때 아버지 덕을 톡톡히 보았다.

그랬다. 불의의 사고가 아버지의 몸은 불구로 만들어 놓았지만, 아버지는 여전히 책임감 있는 시민, 아버지, 할아버지로서의 사랑을 주는 삶을 살고 계신다. 엄마 또한 당신이 무너지면 자식들이 고생한다는 책임감으로, 말이라도 '나는 못하겠으니 너희가 맡아라' 하신 적이 없다. 오히려 힘든 간병에 자신이 쓰러질까 봐 78세의 나이에도 매일 수영도 하시고 건강 관리에 신경을 쓰신다. 그뿐인가. 자식 손주가 놀러 오면 여전한 솜씨로 세상에서 가장 맛있는 밥상을 차려 주신다. 김치며 밑반찬이며 갈 때마다 싸 주시고, 세일해서 샀다며 철마다 손주들 옷가지를 챙기신다. 사춘기를 힘들어 하는 손자를 위해 사랑의 손편지로 위로해 주시고, 본인은 남편 간병하느라 제대로 긴 여행 한번 못 가도, 자식들 여행 갈 때마다 기도라며 '안전 여행'이라고 쓰인 금일봉을 내미신다. 그러면서 어렵고 힘든 건 부모인 우리가 다 할 테니, 너희는 무사무탈만 하면 좋겠다고 하신다.

그렇게 도망칠 수 없는 13년의 고난 속에서 아버지와 엄마는 본인의 운명을 한탄하고 실의에 빠져 인생을 포기하기보다는, 가족들에 대한 사랑으로 책임을 다하는 존엄한 삶을 살고 계셨다!

이 사실을 깨닫고 나니 흡사 아우슈비츠 생존자들의 후예와 같은 용기와 자긍심이 내 안에서 샘솟는 것만 같았다. 어려울 때마다 고생하시는 부모님을 생각하면 내 고생은 아무것도 아니라는 생각이 들어 훌훌 털고 일어나게 된다. 고비마다 찾아오는 인생의 시련에서 어떻게 대처해야 할지 어렴풋이 알 것 같다. 그리고 우리 부모님이 하셨으니, 그 피를 물려받은 나도 할 수 있을 거란 생각이 든다. 이 이야기를 내 아들들과 또 그 자식들, 그다음 세대까지도 물려줘야겠다 다짐한다.

호기심이 발동해, 유튜브에서 새로 배운 나물 조리법을 알려 주시는 엄마에게 물었다.

"엄마, 만약에 13년 전 아버지 사고 날로 돌아갔는데, 누군가 나타나서 '당신이 앞으로 이 힘든 시간을 감당한다면 후손들이 지혜롭고, 강하고, 용기 있는 삶을 살 것이고, 아니라면 어려운 고비마다 넘어지는 삶을 살 거다. 어느 쪽을 택하겠는가?'라고 묻는다면, 어느 쪽을 택했을 것 같아?"

엄마는 무슨 뚱딴지같은 소리인가 하시면서도 단 일 초의 고민도 하지 않고 대답하셨다.

"당연히 고생하는 삶이지!"

나는 세상 가장 값진 교훈을 삶으로 살아 보여 주신 자랑스러운 아버지와 엄마를 사랑하고 존경한다. 그리고 그런 부모님의 명예에 누가 되지 않는 삶을 살겠다 다짐한다.

2
인생의 우선순위

엄마 없이는 못할 거 같아

"선생님 오셔서 기다리는데 애가 안 와요."

도우미 이모님으로부터 문자 메시지가 왔다. 곧바로 첫째 아이의 휴대전화로 전화를 걸었지만 받을 수 없다는 자동응답 소리만 들려 왔다.

'이 녀석이….'

일을 서둘러 마무리한 후, 집으로 향했다. 가는 길에도 전화번호를 누르고 또 눌렀다. 그날따라 강변북로는 왜 그리 정체가 심하던지. 7시가 넘으니 날이 어두워지기 시작했다. 초등학교 5학년이 단순히 과외 수업이 싫어서 연락을 끊기

요즘 저는 아버지께 책을 읽어 드립니다

에는 늦은 시간이었다.

결국 남편이 파출소에 신고했고, 아이의 휴대전화를 추적해 보니 집 근처 한강 고수부지에서 마지막으로 신호가 잡혔다고 했다. 차를 몰고 아이의 이름을 부르며 한강 둔치를 헤맸다. 안 좋은 상상은 하지 않으려 안간힘을 썼다.

아이를 찾지 못한 채 집 대문을 여는데, 얼굴이 하얗게 된 둘째가 나를 보더니 울음을 터뜨렸다. 주저앉아 무릎을 꿇었다. 내 속에서 나도 모르는 외침이 터져 나왔다.

"하나님, 이 아이만 제대로 돌려보내 주신다면 제 모든 것을 내려놓아도 좋습니다!"

터져 나온 기도 소리가 천장과 벽에 반사되어 다시 내 귀에 울려 왔다. 30분 정도가 지났을까. 인터폰이 울렸다. 경비 아저씨가 잔뜩 상기된 목소리로 소리쳤다.

"아이 올라갔어요!"

문을 열자 아이가 꼬질꼬질한 얼굴을 하고는 계단에 앉아, 자신이 만들어 놓은 상황에 겁에 질려 떨고 있었다. 과외 수업받기 싫어 동네를 돌다가 왔다고 했다. 아이는 울먹이며 내게 말했다.

"엄마, 미안해. 그런데 엄마 없이 더는 못할 거 같아. 엄마 회사 그만두면 안 돼?"

선택의 기로

서울 올림픽이 열리고 그다음 해인 1989년, 나는 대학에 입학했다. '공부 잘해 성공하면 행복하다'는 생각은 고성장 시대 우리 부모 세대가 물려준 삶의 철학이었다. 대학 졸업 후, 광고 홍보 분야에서 열심히 직장생활을 했고, 30대 초반, '더 많이' 공부해서 '더 성공' 하기 위해 지원한 미국 와튼스쿨에 운 좋게 합격해 경영대학원(MBA)과정을 마쳤다. 유학 후에는 대기업 전략실과 미디어 업계의 경영 분야에서 일했다. 2009년부터 2011년까지 3년간은 영화 "악마는 프라다를 입는다"의 실제 모델이 된 세계적인 미디어 회사에서 마케팅 컨설턴트로 일하기도 했다.

그 경력들을 인정받아 서울에 돌아와서는 국내 최대 패션 잡지사의 CEO로 임명되었다. 일하던 그룹 내에서 능력도 인정받아 그룹 역사상 두 번째 여성 임원으로 승진도 했고, 그룹 내 방송국에서 해외 사업을 담당하게 되었다. 조금만 더 가면 '세계를 무대로 일하는 미디어 회사의 CEO'라는 어릴 적부터 꿈꿔 온 행복의 고지가 눈앞에 보이는 듯했다.

하필이면 그때, 하나님은 얄궂게도 '아들과 일' 둘 중 하나를 선택해야 하는 갈림길에 나를 세워 놓으셨다. 이 시기만 잘 버티면 아이들에게도 '일하는 엄마' '능력 있는 엄마' 타이

틀은 꽤 좋은 영향을 줄 것이라는 생각이 들었다. 내가 일을 그만두면 더 나은 교육도, 경험도, 유학도 어려울 수 있다. 또 부모님께도 딸이 사회생활 잘하는 것이 힘든 상황 속에서 얼마나 자랑거리였겠는가. 게다가 여성 임원이 드문 회사에서 내가 아이 문제로 링에 수건을 던진다면 '역시나 여자는 한계가 있다'는 편견에 쐐기를 박으며 열심히 일하는 여자 후배들에게 민폐가 되지 않겠는가. 그렇게 길 한쪽에는 울고 있는 아들이, 다른 한쪽에는 일을 계속해야 하는 온갖 이유가 나를 끌어당기고 있었다.

교회 새벽기도 자리에 나가 답을 구하며 두 손을 모았다. 기도를 마치자 펼쳐져 있던 큐티 책 〈생명의 삶〉의 에세이가 눈에 들어왔다. 목사님이 신도 집에 심방을 갔는데, 그 집에 어린 딸이 있었다고 한다. 그 아이의 방은 전 세계에서 온 신비하고 아름다운 인형들로 가득했다. 목사님이 물었다.

"너는 인형이 참 많구나. 어떤 인형이 가장 좋아?"

그러자 소녀는 화려한 인형들이 놓인 진열장을 지나 벽장문을 열고 낡고 찢어진 인형 하나를 꺼냈다. 목사님이 다시 물었다.

"이렇게 예쁜 인형이 많은데 왜 그 낡은 인형이 좋아?"

그러자 아이가 대답했다.

"다른 인형들은 예쁘니까 다른 사람들도 사랑해 줄 수 있잖아요. 그런데 이 인형은 낡고 더러워져서 저 아니면 사랑해 줄 사람이 없으니까요."

이 부분을 읽는 순간 지금껏 침묵을 지키시던 하나님의 나지막한 음성이 들리는 듯했다.

"회사, 후배들에 대한 책임감, 부모님의 기대, 그 모든 것은 나중에라도, 다른 사람들도 지켜낼 수 있지 않겠니? 하지만 힘들어하는 네 아이는 너 아니면 누가 사랑해 줄 수 있겠니?"

2017년 7월, 나는 인생 첫 번째로 중요한 것을 위해 두 번째로 중요한 것을 내려놓게 되었다. 없어졌던 아이를 하나님께서 돌려보내 주셨으니 올려드렸던 서원기도에 순종하기로 했다.

3
가슴 뛰는 여정

부모가 먼저 해야

퇴사한 뒤, 소규모 공부 모임을 통해 인문학 수업을 듣던 때였다. 수업이 끝나고 커피를 마시는데 수강생 한 분이 공부 잘하는 아들 이야기를 꺼냈다. 아들에게 영어 성경을 읽게 했더니 학원에 가지 않고도 강남 자사고에서 내신 1등급을 유지하며 다른 학부모들의 부러움을 사고 있단다.

'영어 성경을 읽으면 내신 1등급을 받는다고?'

그렇지 않아도 아이 교육에 고민이 많던 차에 그 말이 귀에 쏙 들어와 박혔다. 그런데 나도 읽기 어려운 그 두꺼운 성경을, 그것도 영어로? 그게 가능할까? 도저히 그림이 그려지지 않았다.

교회에서 주일 예배를 마치고 나오는데, 강좌 안내 팸플릿이 눈에 들어왔다. "달란트를 최대로 발휘하게 하는 5차원 달란트 교육", 부제는 "성경적 5차원 전면 교육 학습법"이었다. 다소 생경한 내용이었지만 혹시나 '1등급으로 인도하는 성경 읽는 방법'을 배울 수 있을까 싶어 서둘러 수강 신청을 했다.

5차원 달란트 교육이란 인간 교육의 다섯 가지 영역, 즉 지력, 심력, 체력, 자기관리력, 인간관계력을 고르게 개발하여 교육의 내용을 받아들이는 수용성을 높이고, 자신의 달란트를 극대화시켜 남을 섬기는 진정한 리더로 살도록 돕는 교육법이라고 했다. 5차원 달란트 교육을 고안한 교육가 원동연 박사의 강의를 듣는데, 핵심 메시지가 인상적이었다.

"부모가 먼저 하십시오. 부모가 굳은 몸, 안 되는 머리로 고군분투하며 노력하고 변화하는 것을 보면, 아이들도 따라 하고 싶은 마음이 생깁니다. 또한 부모가 노력하는 과정에서 실제로 얼마나 어려운지, 또 지속했을 때 어떠한 열매가 생기는지 알아야 아이에게도 지속적으로 권할 수 있습니다."

실제로 대학원 졸업 후 20여 년 만에 공부라는 걸 해 보니

요즘 저는 아버지께 책을 읽어 드립니다

나도 몰랐던, 아니 잊고 있었던 나에 대해 새삼 많은 걸 알
게 되었다. 평소에 나와 다른 아이들을 보며 '너희는 도대체
어느 별에서 온 거니?' 하며 은근히 화살을 남편에게 돌리고
는 했는데 막상 공부를 하면서 보니 아이들은 영락없이 '나'
라는 별에서 왔다는 걸 알 수 있었다. 암기하는 걸 싫어해서
'너희는 누굴 닮아 그러냐' 하고 생각했는데, 정작 공부를 해
보니 나 스스로가 확실한 이해 과정 없이 암기하는 것을 그
무엇보다도 싫어한다는 사실을 알게 되었다.

5주 과정의 수업을 들으면서 '매일 조금씩 천천히'라는 생
각으로 피아노 치기, 유연성 운동을 반복했다. 그랬더니 처
음엔 도무지 될 것 같지 않았던 것들이 가능해지고 실력이
점점 좋아졌다. 지속적으로 노력하면 발전의 순간이 온다는
것을 체험했다.

성경 읽기의 유익

원동연 박사는 무엇보다 성경의 유익에 대해 거듭 강조했
다. 구약성경을 읽은 사람이 어떻게 역사에 관심이 없을 수
있으며, 시편을 읽은 사람이 어떻게 문학 작품에 공감하지
못하겠으며, 로마서를 읽은 사람이 철학 책을 이해 못 하겠
냐는 것이다. 그리고 보니 나 또한 그동안 성경에 대한 이해

가 적어 아쉬울 때가 많았다. 성경은 서양 문화의 근간이 되는 경전이기도 해서 꼭 읽어 보고 싶었지만, 방대한 분량에 도무지 엄두가 나지 않았다. 여러 번 시도는 했지만 늘 창세기를 반쯤 읽다 흐지부지되기 일쑤였다. 성경 읽기를 돕는 책만도 네다섯 권쯤 서재에 꽂혀 있었다.

그땐 그때고, 지금은 상황이 다르지 않은가. 시간이 허락되고 또 아들이 1등급 된다는데 엄마로서 못할 것이 있겠는가!

나는 그길로 교회의 비전 통독 성경 읽기 프로그램에 등록했다. 다른 과정은 1년, 9개월인데 이 과정은 3개월이란다. 그것도 좋았다. 빨리 읽어야 아들 성적을 빨리 올려 주지 않겠나. 나는 주일을 제외한 6일 동안 성경을 읽었다. 하루 분량이 대강 열 장 정도다. 만만치 않은 양이다. 정독해서 읽으려면 한 시간으로는 어림없다. 낮보다는 새벽에 일어나 읽으니 집중이 잘 되었다.

처음엔 '아이 1등급 만들기'라는 세상적 사심으로 읽기 시작한 성경이었는데, 나중에는 이야기가 너무도 매력적이라 계속 빨려 들어갔다. 지금껏 만났던 많은 사람의 모습과 세상의 이치가 그 안에 고스란히 담겨 있었다. 성경을 진작에 읽었더라면 세상 사는 데 얼마나 큰 힘이 되었을까 하는 생각도 들었다. 그렇게 네 번 이상 성경을 통독했다.

성경을 읽는 동안 정말 많은 유익을 경험했다.

첫째, 인생을 바라보는 여유와 분별력이 생긴다. 구약 속 인물들과 이스라엘의 역사 이야기는 인생을 긴 안목에서 바라볼 수 있게 도와준다. 성경 전체의 이야기를 통해 인생에서 중요한 것과 중요하지 않은 것을 구분할 수 있는 시각이 생겨난다.

둘째, 문해력이 높아진다. 책과 텍스트에 대한 자신감이 생긴다. 두껍고 어려운 책을 읽으니, 장르를 불문하고 책 읽기가 두렵지 않다. 시편 같은 문학 장르를 읽으면서 감성이 길러진다. 구약의 끊임없는 역사를 읽으며 역사의식이 생긴다. 신약, 특히 바울의 서신서 등은 심오한 철학을 다룬다. 이러한 글들을 이해하는 과정을 통해 사고력이 크게 증진된다. 이걸 다 읽고 나니 어떤 책, 어떤 글이든 별로 두려울 게 없다.

셋째, 엉덩이 힘이 길러진다. 긴 성경을 읽는 것은 인내심을 기르는 데 최고의 방법이다. 성경의 모든 부분을 하나하나 이해하기는 어렵다. 처음엔 이해가 안 돼도 그 많은 양을 읽다 보면 버티는 힘이 길러진다.

넷째, 부지런해진다. 성경은 정신이 분산된 시간에는 효율적으로 읽기 어렵다. 그래서 아침 일찍 일어나 읽지 않으면, 오후에는 제대로 읽기가 어렵다. 덕분에 집중력이 좋은 아침 시간을 의미 있게 보내는 습관이 생겼다.

다섯째, 언변이 좋아지고 글도 쓰게 된다. 성경은 그 자체가 은유와 비유의 보고다. 성경을 계속 읽으니 상징법과 비유법에 관한 이해가 늘어 말을 재미있게 할 수 있게 되었고, 글도 쓸 수 있게 되었다.

성경을 읽는 것의 유익이 어디 이것들밖에 없으랴! 비전 통독 프로그램이 특별히 좋았던 이유는, 성경을 단순히 읽는 것에만 그치지 않고 생활 숙제라는 과정을 통해 내 삶 속에 적용해 회개하고 잘못된 습관을 바꾸는 연습을 하는 것이었다. 말씀을 삶으로 가지고 오는 연습이 되었다.

2년간 성경 통독을 생활화하며 변화를 겪고 나니 아이들에게도 유익이 되겠구나 싶었다. 학교 1등급이 아니라 글로벌 인재도 가능할 것 같았다. 방학 틈틈이 아이들에게 성경을 가르쳤다. 아빠가 읽어야 아이들도 읽는다며 남편도 못 살게 굴었다. 그 덕에 남편 또한 통독 프로그램에서 조장으로 섬기며 성경을 읽게 되었다.

먼저 가 본 길에서 이룬 값진 경험

2019년 여름 방학을 맞아 미국 친척 집에 다녀온 아이들이 미국으로 유학을 가고 싶다고 했다. 그때부터 우리는 유학 준비를 시작했다. 성경의 유익을 경험했으니 영어로 성경을 배울 수 있는 학교를 찾았다. 지인 추천으로 대안학교인 서울 크리스천스쿨로 아이들을 전학시켰다. 매일 외국인 선생님들과 영어로 성경을 배울 수 있는 학교였다.

중학교 1학년, 초등학교 5학년 아이가 전과목을 영어로 수업하는 국제학교에 적응하는 과정은 만만치 않았다. 더군다나 그 학교에선 영어성경을 쉬운 NIV가 아닌, 고어가 섞인 킹 제임스 버전(KJV, King James Version)으로 공부해야 했다. 내가 직접 성경의 유익을 경험하지 않았더라면 할 수 없는 결정이었다.

1년 동안은 적응 시기라 무척 힘들었다. 게다가 코로나 때문에 온라인 수업으로 대체되면서 이래저래 학업 성과를 내는 것이 쉽지 않았다. 처참한 첫 학기 성적표를 받아들었을 때는 아이들도 나도 깊은 좌절의 늪에 빠지지 않을 수 없었다. 아이들 인생 최초의 고난의 상황에서 나 또한 철저한 무력감을 느낄 수밖에 없었다. 예민한 시기가 겹쳐, 힘들어하던 큰아들은 어느 날 학교 앞에 도착해서도 차에서 내리지 않겠다고 고집을 부렸다. 들어갈 때까지 기다리겠다고 했더니 그럼 자기는 지하철을 타고 집에 가겠다고 차 밖으로 나가 걸음을 옮기기 시작했다. 그 순간 나도 차 밖으로 나왔다. 그리고 그 자리에 무릎을 꿇고 앉아 기도를 시작했다. 1월 한파에 아스팔트 바닥에서 올라오는 냉기가 너무도 강해 몸을 에이는 추위라는 말의 의미가 온몸으로 이해되었다. 눈물이 흘러내렸다. 그 앞에서 지켜보던 아들은 어쩔 수 없이 발길을 돌려 학교로 들어갔다.

기도밖엔 방법이 없었다. 《자녀 축복 기도문》을 식탁에 두고 남편과 돌아가며 아침마다 아이들에게 기도해 주었다. 성경 말씀을 기초로 한, 100편이 넘는 통찰력 가득한 기도문들을 매일 읽어 가는 동안 읽는 남편과 나의 생각이 먼저 확장되고, 삶이 조금씩 변화되었다. 또한 방학마다 아이들의 교재를 구해 먼저 읽은 후, 그 공부한 내용을 바탕으로 학업을 도와주기도 했다. 그 과정에서 내 안에 성경에 대한 이해와 복음의 원리가 더 깊숙이 자리잡을 수 있었다.

"눈물로 씨 뿌리는 사람들은 기뻐하며 거두게 될 것입니다." 시 126:5

요즘 저는 아버지께 책을 읽어 드립니다

이 말씀대로 어려운 시간을 1–2년쯤 보내자 아이들도 조금씩 학교에 적응하고 성적도 향상됐다. 대안학교로의 전학이 전화위복이 되어 코로나 시기에 아이들이 그 어느 학교에서보다 충실히 학업을 유지해 나갈 수 있었다. 하나님의 인도하심으로 나를 주차장에 무릎 꿇게 했던 큰 아이는 자신에게 잘 맞는 학교를 찾아 미국으로 유학을 갔고 유학생활 1년을 무사히 잘 마쳤다. 영어로 성경을 공부한 것과 신앙이 큰 도움이 되어 감사하게 적응도 잘하고 성적도 잘 유지하며 행복한 학교 생활을 하고 있다. 작은아이도 우등생으로 크리스천스쿨에서 잘 적응하여 이제 곧 유학의 길을 떠난다. 신앙의 힘이 아니었다면 나 자신도 머나먼 이국 땅에 고등학생 아들을 보내고 일상의 평정심을 유지하기 어려웠을 듯하니 이 모든 것에 감사할 따름이다.

나는 나와 가족들의 안위를 위한 얕은 기도제목을 가지고 하나님께 매달렸다. 그러나 돌아보면 하나님은 애초에 그런 자투리 은혜는 안중에도 없으셨던 것 같다. 하나님은 '성경 읽고 기도하는 삶'을 통해 가장 먼저 엄마인 나를 바꾸셨고, 우리 가족 모두를 예배의 자리로, 성경 읽는 삶으로 부르셨다. 또한 어려운 상황에 함께해 주시는 하나님의 손을 잡고 어려움을 극복하는 값진 경험을 하게 하셨다. 그리고 세월이 흘러 변화와 회복의 열매들을 하나씩 보게 하셨다. 그 여정은 오늘도, 또 앞으로도 계속될 듯하다. 하나님의 사랑, 그 길고 넓고 깊은 뜻은 알 길이 없다. 그래서 그 여정은 늘 가슴이 뛴다.

4

살림 인문학

싱크대 앞에 주저앉아 울다

퇴사를 하고 나니 생활비를 줄여야 했다. 직장생활하는 동안 집안일은 대부분 가사 도우미 이모님들에게 의존했지만, 이제는 그럴 수가 없었다. '살림이 별건가? 이제 본격적으로 주부 노릇 좀 해 보리라' 마음먹었다. 백화점 지하를 돌며 음식 담을 예쁜 그릇도 사고, 청소 도구도 잔뜩 샀다. 비싼 무선 청소기도 사서 세워 놓았다. 그러잖아도 평생 가족들을 돌보느라 마디가 굵어진 엄마 손을 볼 때면 여전히 부드럽고 뽀얀 내 손과 비교되어 묘한 열등감이 생기곤 했는데, 이참에 주부 9단 살림꾼으로 자존감을 회복해 봐야겠다 싶었다.

그러나 생각과 달리 집안일은 쉽지 않았다. 몸에 익지 않은 데다 요령도 없었다. 먼저 아침에 일어나면 아이들을 깨워 먹이고 준비시켜 학교에 보냈다. 사내아이 둘을 키우다 보니 늘 거실이며 방이 난장판이었다. 정리해도 잠깐이고, 치우고 돌아서면 어질러져 있었다. 화장실 청소가 가장 힘들었다. 남자 셋이 쓰다 보니 금세 더러워지고 냄새가 나서 매일같이 세제를 잔뜩 뿌려 청소를 했다. 수세미를 구분하여 청소를 하니 그것만도 한 시간이 꼬박 걸렸다.

빨래는 또 어떤가! 아이들은 하루에도 몇 번씩 옷을 갈아입으면서 벗은 옷을 바닥에 그대로 던져 놨다. 매일 흰옷과 색깔 옷을 나누어 두 번씩 세탁기를 돌렸다. 가장 힘든 부분은 아파트가 오래되어 세탁기 배수구가 자주 막힌다는 것이었다. 그럴 때마다 락스나 세정제로 막힌 배수구와 실랑이를 벌이고, 안 되면 아파트 관리실에 요청해 뚫어야 했다.

아이들이 집에 돌아오면 오후 간식을 만들어 주고 저녁밥까지 해 먹이고 치워야 하루가 끝났다. 설거지는 왜 그리 하기 싫은지…. 하루 종일 일을 해도 일이 남았다. 나만 고생하는 게 억울해서 남편과 애들에게 습관처럼 짜증을 냈다. 내 인생이 이렇게 싱크대 앞에서 끝날지도 모르겠다는 두려

요즘 저는 아버지께 책을 읽어 드립니다

움이 몰려오면 설거지하다 주저앉아 고무장갑을 벗어던지고 울곤 했다. "이렇게 끝내실 거면서 왜 날 미국으로 중국으로 데리고 다니면서 그 고생을 시키셨나요? 차라리 편하게나 살게 하시지!" 하며 말도 안 되는 화풀이를 하나님 앞에 쏟아놓았다. 그러면서도 정작 미안해하는 남편이 음식물 쓰레기를 버려다 주겠다고 하면 영 내키지 않아 "됐다고!" 볼멘소리를 하며 무릎이 나온 실내복 바지 허리춤을 추스른 뒤 쓰레기봉투를 들고 나섰다. 옷장에 잔뜩 걸린 정장 자켓을 차려입고 나서는 날은 다시는 오지 않을 듯했다.

이래서는 안 되겠다 생각하며 마음을 다잡기 위해 새벽 기도회에 나가 성경을 읽던 어느 날, "하나님을 사랑하는 사람들, 곧 그분의 뜻을 따라 부르심을 받은 사람들에게는 모든 것이 합력해 선을 이루는 줄을 압니다"(롬 8:28)라는 구절이 눈에 들어왔다. 내가 포기한 것들을 억울해하며 싱크대를 탈출할 길만을 구하고 있던 나에게 "내가 가진 선한 계획이 있으니 그걸 믿고 이 시간을 나와 함께 궁극의 선으로 만들어 보지 않겠니?" 하는 하나님의 초대의 메시지로 들려왔다. 온 마음과, 영혼과, 힘을 다해 그 초대장을 붙잡고 싶어졌다.

그때부터 내 삶의 자리와 일상의 시간에 대한 생각이 조금씩 바뀌기 시작했다. 하나님이 뜻하시는 궁극의 선이 무엇일까를 상상하며, 지금의 내 삶의 자리에서 오늘 하루의 시간이 어떻게 그 선에 합력할 수 있을까를 생각하는 데에 온 생각과 에너지를 집중하기 시작했다.

'하나님을 사랑하는 사람'이 되기 위해 교회에 등록해 성실히 예배에 출석하고, '하나님의 뜻'에 따라 부르심을 받은 사람이라고 하니 뜻을 알기 위해 성경 통독 프로그램에 등록해 여러 번 성경을 읽었다. '모든 것이 합력'한다고 했으니 그 진리의 메시지를 어떻게 오늘 내 삶에 적용할 수 있는지 연결고리를 찾고자 했다.

살림 인문학

어설픈 살림 솜씨로 뭐 하나 제대로 하는 게 없는 엉터리 주부인 나 자신을 마주하다 보니, 학업과 사회생활에서 성공을 맛보며 한껏 부풀려졌던 단단한 자아가 깨지는 경험을 했다. 시간이 지나면서 마디 하나 없이 곱기만 하던 손에 힘이 생겨났다. 머리만 크고 몸은 작은, 영화 속 ET와도 같던 내 존재가 조금씩 균형을 잡아가는 것이 느껴졌다.

직장서 일할 때는 새로운 일을 맡아도 3개월이면 적응했는데, 살림은 영 다르다. 수년이 지나도 힘에 부쳤다. 그러

요즘 저는 아버지께 책을 읽어 드립니다

나 살림하며 몰랐던 많은 걸 깨달을 수 있었다.

사실 그동안은 뭐가 필요한지 파악도 않은 채 식재료며 생활용품 등 좋아 보이는 물건이 있으면 종류 따지지 않고 떨어지지 않게 사서 꽉꽉 채워 놓곤 했다. 그러나 내가 직접 살림해 보니 쓸데없는 과소비였다는 걸 알았다. 매일 빨래를 하니 애들 옷이 그렇게 많이 필요하지도 않았고, 과일, 채소를 많이 사들여 봐야 썩어 버리는 게 반이었다.

아이들을 먹이는 음식에도 차이가 생겼다. 그동안은 '고기를 먹어야 잘 크지' 하고 생각했는데, 설거지를 하다 보니 고기 기름은 세제로도 잘 닦이지 않아 애를 먹었다. 이런 기름이 우리 몸에 들어가면 좋을 게 없겠다는 생각이 들자 아이들에게 고기 대신 채소를 더 많이 챙겨 먹여야겠다 싶어졌다.

게다가 매일 매일 쓰레기를 버리다 보니 한 가정에서 배출되는 세제와 쓰레기 양이 어마어마하다는 걸 알았다. 집집마다 이 만큼의 쓰레기가 나온다고 생각하니 지구의 미래가 걱정되었다. 나만 살고 말 지구가 아니지 않은가. 나의 아들들이, 손주들이 살아야 할 곳이 아닌가. 그래서 일단 세제부터 줄였다.

우연히 유튜브에서 린스가 두피에 좋지 않다는 이야기를

들었다. 그렇다면 빨래도 마찬가지 아닐까 싶어 섬유유연제를 쓰지 않았다. 그랬더니 이때쯤이면 배수구 막힐 때가 됐다 싶은데도 물이 잘 빠진다. 지금은 섬유유연제 대신 식초와 함께 오래되어 쓰지 않는 향수를 몇 방울 떨어뜨려 쓴다. 그러니 배수구 청소제도, 세탁조 세정제도 거의 안 쓰게 되었다.

그러고 보면 옛날 우리 선조들은 세제 없이도 잘 살았다. 어쩌면 문명의 발달이란 하나의 고민을 덜기 위해 두 개의 고민을 만드는 일 아닐까? 또다시 그 고민을 덜기 위해 셋, 넷의 고민을 만들며 더 많은 문제를 '창조'해 나가고 있는 건 아닐까? 그 많은 물건이 우리를 자유롭게 만들어 줄 것이라는 허구에 속아 지속된 과소비를 하며 살아가는 것이 아닌지? 자신을 들여다볼 여유도, 가족의 마음을 들여다볼 여유도 없이 그 과소비를 유지하기 위해 더 많은 돈을 벌어야 한다고 믿으며 말이다.

집안일과 리더십의 상관관계

"진주 귀걸이를 한 소녀"로 유명한 네덜란드의 화가 요하네스 베르메르(Johannes Vermeer)의 작품을 보면 일상에서 일하는 여인들의 모습을 인상적으로 표현한다. 아마도 일상을 살아 내는 그녀들을 빛나게, 숭고하게 표현하고자 함이 아니었을까?

3년쯤 지나니 여간해서는 살림했다고 몸이 아프지는 않았다. 청소, 빨래, 설거지, 집 정리 등 모든 일의 리듬을 알게 되었고, 효율적으로 전체를 조율할 수 있는 통찰이 생겼다. 마디가 적당히 생겨난 내 손이 기특하다. 엄마의 손을 닮아 간다.

엄마로서 가족들을 먹이고 입히기 위해 부지런히 몸을 움직인다. 음식을 만들고, 곳곳을 닦고, 정리하는 일을 통해 점점 강해지고 부지런해지며 그동안 느끼지 못한 감사와 지혜를 얻는다. 환경이나 교육 등 사회 중요 문제에 대해서도 몸으로 직접 체감하며 문제를 인식하고 행동하게 된다. 이게 바로 리더십의 시작이 아닐까?

요즘 나는 매일 저녁 당당히 남편과 아이들 손에 음식물 쓰레기 봉투를 들려 내보낸다. 그 과정이 그들을 강하고 지혜로우며 감사할 줄 아는, 세상의 문제에 대해 진지하게 고민하는 훌륭한 리더가 되는 데 시작점이 될 것이라는 굳은 믿음 때문이다.

5

천생연분 찾아가기

꿈의 이상형

미국 유학 시절, 지인 가족의 여름 별장에 초대되어 일주일을 보낼 기회가 있었다. 지인의 남편이 클린턴 대통령 정부의 각료로 일하고 있었는데, 주중에는 일을 하고 주말에만 온다고 했다.

주말이 되었고 주인집 네 명의 아이는 휴양지에 어울리지 않는 양복 차림의 아버지가 도착하자 반가움에 달려가 안겼다. 그날 저녁은 모처럼 온 가족이 참석하는 저녁식사 자리에 함께할 수 있었다. 식사가 마무리될 즈음, 그 가장은 아이들에게 한 명씩 돌아가며 그 주에 읽은 책 이야기를 놓고 대화를 이어 갔다. 그러고 보니 아이들은 요 며칠 저녁만 되면 책을 들고 있었는데, 그게 다 아버지와의 재미있는 대화를 위한 것이었던 모양이다. 중학생인 첫째는 《데미안》 이야기를, 다섯 살 막내는 동화책 이야기를 신나게 했다. 아버지는 비록 일이 바빠 아이들과 함께할 수 없었지만, 일대일 독서 나눔을 통해 아이들과 소통하고 있었다. 그 시간이 너무도 아름답게 느껴졌다. 내가 만약 결혼을 한다면 저런 순간을 만들 수 있는 남자와 결혼하고 싶다는 생각을 했다.

나를 찾는 책 읽기

스물아홉의 노처녀(나 때는 스물아홉의 싱글 여성을 그렇게 불렀다) 딸이 미국으로 유학을 가겠다고 했을 때, 딸의 결혼이 유일한 기도제목이었던 부모님은 거기서 좋은 짝을 만날 수 있을 거라 기대하셨다. 결국은 유학 시절 만난 친한 친구를 통해 맺어진 인연으로 지금의 남편을 만났으니 부모님의 기도가 영 다른 방향으로 가지는 않았던 것 같다.

남편은 책을 사랑하는 사람이다. '문사철'을 높게 평가하시던 시아버님의 영향이 컸다. 철학 공부를 한 남편은 은퇴 전까지 26년을 기자로 일했다. 나는 고전의 지혜를 통해 현재 사회 문제들의 해법을 찾곤 하던 남편의 칼럼이 좋았다.

결혼 전, 그의 집에 꽂힌 수백 권의 책을 보면서 나는 이 사람이 내가 꿈꾸던 남편감이 아닐까 생각하여 빨려 들어가듯 결혼을 결심했다.

그런데 정작 책을 좋아하는 남자와 결혼하고 나니 어느 순간부터 책이 내게 짐이 되기 시작했다. 남편은 결혼 후에도 고전, 철학, 리더십, 중국, 미래 경영 분야의 책들을 집에 한가득 가져와 식탁 위에 쌓아 놓았다. 내게 주는 선물(?)이라며 부동산, 주식, 교육 분야의 책도 가져왔다. 덕분에 우리 집은 언제나 책장이 터져 나갔다. 처음엔 세로로만 책을 꽂다가 나중에는 틈이 보이는 대로 눕혀 꽂았다. 더 이상 책장 공간이 없어지자 바닥에 쌓이기 시작했다.

자연스럽게 그 책을 정리하는 일은 내 몫이 되었다. 책 내용을 어느 정도 알아야 터져 나가는 책장 안에 자리를 마련해 줄지, 아니면 남편 모르게 재활용 쓰레기에 내다 놓을지 결정할 수 있었다. 덕분에 우리 집 식탁에 쌓인 책들을 읽고 적당히 솎아 내는 일이 내 주말 아침 루틴이 됐다. 직장생활을 할 때도, 육아에 지칠 때도 한결같았다. 그렇게 나는 '아이들과 책 읽고 토론하는 아빠'를 상상하며 남편과 결혼했다가 책의 무게에 눌려 사는 도서관 사서의 삶을 살게 되었다.

요즘 저는 아버지께 책을 읽어 드립니다

당신은 책을 가져다만 놓고 정리는 내게만 밀어 두느냐고 불평하다가도 책이 주는 재미에 빠져 읽곤 했다. 그러고 나서 남편에게 감상을 이야기하면 남편은 그다음 읽을거리를 추천해 주곤 했다. 특히 고전의 힘이 대단하다는 것을 실감했다. 모든 분야의 핵심은 인문고전 안에 있고 그 후에 나온 책들은 고전들의 부록과도 같다는 생각이 들 정도였다. 장자크 루소(Jean Jacques Rousseau)의 《에밀》은 나 역시 아이를 키우는 사람들에게 종종 추천해 준다. 이 책은 기록된 지 수백 년이 지난 지금까지도 손꼽히는 교육지침서이다. 시중에 나와 있는 많은 육아서는 근시안적인 기술이나 방법을 이야기한다. 그러나 이 책에서 저자는 '무릇 만물은 본성에 충실할 때 가장 강하다'며 '천성을 살리는 교육'을 주장한다. 생각해 보면 루소의 말이 맞다. 내가 낳은 아이만 해도 첫째와 둘째가 다르다. 저마다 성격과 기질이 다르니 키우는 방법 역시 달라야 하는 것 아니겠나. 아이들은 저마다 하나님의 지으신 목적이 다르다. 그런 아이들을 교육하는 일의 핵심은 어쩌면 인생 여정에서 하나님의 목적과 뜻을 찾아내기 위한 시각과 태도를 길러 주는 일이 아닐까?

남편은 고전 공부를 자신을 배우는 공부라고 했다. 프랑스 사상가 몽테뉴(Montaigne)도 《수상록》에서 "세상에서 가장 위대한 일은 자기 자신을 아는 일이다." "내가 공부한다면 그것은 오로지 나를 더 잘 알기 위한 일이다."라고 말한다. 요즘처럼 자신을 잘 아는 것이 경쟁력이 되는 세상에 우리 집 미니 도서관의 문을 활짝 열어 보면 어떨까 생각한다. 자신에 대해 배우고자 하는 더 많은 사람과 같이 책을 읽고 서로 질문하며 이야기를 나눌 수 있다면 좋겠다. 그 도서관의 사서로 기꺼이 책들을 정리하고 대접할 차를 준비하는 내 모습도 썩 괜찮을 것 같다.

남편이 멋있어 보이는 순간

일을 그만둔 후 나는 여러 가지 길을 찾던 중에 성경 공부의 유익을 경험했다. 아이들에게도 그 유익을 경험하게 해 주고 싶어 호시탐탐 기회를 노리다가, 학원 가기 싫어하는 아이들에게 학원을 빼 주는 대신 주말 30분 성경 공부를 하자고 제안했다. 마지못해 식탁에 앉은 아이들은 창세기 1장을 채 읽기도 전에 몸을 비비 꼬기 시작했다. 그때까진 전혀 이쪽 일에는 관심 없어 보이던 남편이 흥미롭다는 듯 눈을 반짝이며 질문을 던졌다.

"자, 하나님이 세상을 창조하셨다고 했지? 그리고 하나님의 형상을 따라 인간을 지으셨다고 했고. 그럼 네가 하나님이라면 세상을 어떻게 창조하겠니?"

그 순간 아이들의 눈빛이 달라지기 시작했다. 시작은 엄마의 반 강제였는데, 그 지루한 시간을 아빠가 '재미있는 창조의 시간'으로 바꿔 주었던 것이다. 잠시 생각하더니 큰아이는 우주라는 큰 공간 속에 한정된 작은 공간을 마련하여 인간을 살게 해서 오염을 최소화하겠다고 했다. 작은아이는 가운데에 지구를 만들고 양쪽에 선의 행성과 악의 행성을 두어 연결하고 인간들이 선과 악을 체험하고 중심을 잡아 살아갈 수 있도록 만들겠다고 했다. 흡사 SF애니메이션 속 세계관과도 같은 답을 내어놓는 아이들이 기특하게 느껴졌다. 만화영화를 보던 것이 이렇게 도움이 되는구나! 그 순간 나를 비롯해 아이들까지 아빠를 하트가 가득한 눈빛으로 쳐다보고만 있었다. 질문 하나 했던 것뿐인데 왜 그리 멋있어 보인 건지.

두 사람이 만나 가정을 이룬다는 것, 수십 년을 다른 문화와 경험을 가지고 살아온 두 사람이 만나 가족이 된다는 건 정말 쉽지 않은 일인 듯하다. 남편과 나도 다른 점이 많아 지금까지도 서로 맞춰 나가는 것이 쉽지만은 않다. 그러나 지난 6년간 성경과 고전의 지혜로 세상을 바라보는 시각을 변화시켜 오는 동안 가족들과 관계가 좋아졌음을 느낀다. 아버지에게도 책을 읽어 드리며, 책과 성경으로 사람들의 회복을 돕는 것을 소명으로 삼아도 좋겠다 싶으니, 웬만한 소형 서점을 차려도 될 만한 양의 책을 들고 내 삶 속에 들어와 준 남편은 천생연분, 하늘이 맺어 준 인연이라는 생각이 든다. 아이들 어렸을 때도 왜 책 읽어 주는 건 내 몫이냐고 불평을 달고 살았는데 지나 보니 그 좋은 순간을 나만 독식했던 듯하여 미안하기도 하다.

하나님이 맺어 준 인연이라고 해도 내가 나 자신에 대해 알지 못하고 나를 향한 하나님의 뜻을 깨닫지 못하던 때에는 그 인연의 감사함조차 느낄 수 없었던 듯하다. 그걸 깨닫는 순간 신기하게도 그가 가져다 놓은 책을 정리하는 일, 그가 바닥에 아무렇게나 벗어 놓은 양말을 집어 드는 일 따위는 아무것도 아닌 일이 되어 버리니 신기할 따름이다.

하나님의 추천서

애초에 경력 단절이란 잘못된 말이다

중학교에 들어간 큰아이가 학급회장에 선출되었다. 학급
회장 어머니들이 학부모회 활동을 해야 한다고 하기에 사전
모임에 참석했다가 부회장직을 덜컥 맡게 됐다. 그동안 직
장생활하느라 아이를 위해 변변한 학교 활동 하나 하지 못
했던 것이 늘 마음에 걸렸었는데, 때마침 좋은 기회가 될 것
같았다.

학부모 총회가 열리던 날, 800여 명의 전교생 어머니 앞
에서 일어나 인사했다. 그 순간 나는 그 '단순한' 마음이 너
무 '순진한' 생각이었음을 깨달았다. '저 엄마 누구지, 누군

데 나서지?' 하는 엄마들의 눈빛이 감지되는 순간, 일할 때 그룹사 회장님 앞에서도 느끼지 못했던 중압감을 느꼈다. 못한다고 말해야 하나 고민했다. 그러나 이제 막 중학교 생활을 시작하는 아들에게 '학부모회 부회장 그만둔 엄마의 아들'이라는 불명예를 안겨 줄 수 없었다.

그렇게 시작한 학부모회 활동은 정말 대단했다. 누가 경력 단절이란 말을 만들었는지 하나만 알고 둘은 모르는 사람이다. 학부모회 어머니들의 업무량은 웬만한 대기업 중간 직급 이상이었다. 전 학부모를 대표해 학교 운영 전반에 걸쳐 학교와 학부모 사이 의견 조율과 전달은 기본이고, 학교를 도와 1학기 진로박람회, 2학기 체육대회라는 대형 행사를 치러야 했다. 그뿐만 아니라 짬짬이 학교 환경미화, 청소 봉사, 학부모 동아리 운영을 해야 했고, 학교 인근 환경 문제로 상인들과 갈등이 생기거나 하면 주민센터와 상인회, 구청에도 찾아가 회의를 했다.

일보다 더 힘들었던 건 사람들과의 관계였다. 기업에선 조직 내 서열이 명확하고, 기업 간 이해관계도 비교적 분명하기 때문에, 사람과 사람 사이에서 벌어지는 일들을 어느 정도는 예측할 수 있었다. 그런데 학교에서는 훨씬 더 다양한 성향의 학부모와 자녀들의 관계가 얽혀 있어, 늘 예기치 못한 많은 일들이 벌어졌다. '여기가 진짜 세상이구나!' 하는 생각이 들었다. 학교 일에 경험이 많은 어머니들이 매의 눈으로 관찰하고, 입은 무겁게, 행동은 민첩하게 상황에 대처하는 걸 보면서 나는 혀를 내두를 수밖에 없었다.

어머니라는 이름의 리더들

워킹맘으로 살 때만 해도 학부모회는 '아이에게 열심을 기울이는 극성 부모 모임' 정도로만 생각했다. 그런데 막상 일해 보니 그런 오해를 했던 것이 정말 송구했다. 세상에 어느 누가 돈 한 푼 받지 않고, 칭찬보다는 욕을 더 많이 먹어 가며 묵묵히 이런 일을 자원하여 해낼 수 있겠는가. 그분들 만큼의 책임감과 성실함, 리더십을 가지고 일하는 사람은 어느 기업에서든 특A급 인재로 특별 승진 대상에 오를 것이 분명하다.

과연 이러한 어머니들의 열정은 어디서 오는 것일까. 시작은 당연히 '자녀'일 것이다. 내 자녀와 상관없는 일이라면 그렇게 열심히 일할 이유가 없다. 어머니란 이렇듯 자녀를 위해서라면 가장 치열하게 고민하고 일하는 사람들이다. 특별한 보상이 없더라도 타인을 위해 무한한 희생과 사랑을 쏟을 수 있는 사람들이다.

이화여대를 설립한 선교사 룰루 E. 프라이(Lulu E. Frey)는 "요람을 흔드는 손이 세계를 지배한다"고 했다. 학부모회에서 봉사하면서 나는 이 어머니들의 사랑이 훗날 세상 많은 사람을 이롭게 하는 멋진 일들의 씨앗이 될 것이라는 확신이 생겼다.

요즘은 엄마로서 고충을 해결하기 위해 시작한 사업이 큰 성공을 이루는 '엄마 벤처'들도 많아지고 있는 듯하다. 기업들도 정부도 어머니 인재들을 많이 발굴해 활용한다면 새롭고 창의적인 문제의 해결점을 찾아 낼 수 있을것이라 굳게 믿는다.

세상의 모든 어머니, 그들은 예수 그리스도가 보여 주신 타인을 위한 무한한 사랑을 삶으로 실천하는 이 시대 가장 훌륭한 리더들이다. 세상이 뭐라고 불러도, 하나님은 이미 그녀들을 위해 가장 훌륭한 사업계획서와 추천서를 준비하고 계실 거라 믿는다. 혹은 그 어머니의 따뜻한 사랑 속에 자라난 아이들을 통해서라도 궁극의 선을 이루실 거라 믿는다. 성경 속에도 예수의 어머니 마리아와 같이 하나님의 뜻에 순종하고 헌신하는 여러 어머니들이 큰 스포트라이트를 받고 있는 것처럼 말이다.

7

진리가 내 삶을 자유롭게 하다

반쪽자리 이야기

디지털 미디어의 시대다. 인터넷에 접속해 이것저것 클릭하고 구경하는 사이 영리한 알고리즘이 나보다 내 취향을 더 잘 간파하고 입맛에 맞는 뉴스와 이야기만 골라서 배달해 주는 시대가 됐다. 그래서 그런지 사람들은 점점 더 자신과 익숙한 세상이 전부라고 생각하는 듯하다. 반쪽짜리 이야기만을 보고 그게 전부라고 믿는다. 나와 다른 생각을 하고 다른 가치관으로 사는 사람의 인생을 함부로 잣대질하거나 비난한다. 유명 인사의 미디어에 노출된 몇몇 모습만으로 지나치게 동경하고 부러워하다가 자기 인생을 놓쳐 버린다.

사실 나도 그랬다. 가깝게는 내 아버지조차 이해보다는 오해하며 지금껏 살아왔던 것 같다. 요즘은 아버지들이 육아에도 많이 참여하고 가정적인 사람이 많지만, 내가 자랄 때만 해도 아이를 키우는 건 모두 어머니의 몫이었다. 우리 집도 그랬다. 아버지는 말수가 적고 과묵한 분이셨고, 엄마는 통이 크고 추진력이 강한 여장부셨다. 그러다 보니 나는 아버지와 대화한 기억이 별로 없고, 마음 속 이야기는 대부분 엄마와 나눴다.

아버지에 대해 내가 아는 것은, 작은 사업체를 운영하셨다는 것, 성공에 대한 큰 포부보다는 그저 처자식 먹여 살리기 위해 부도날 걱정으로 늘 조심스럽게 사업하셨다는 것, 사업 스트레스가 너무 커서 늘 위장약을 달고 사셨다는 것, 결국은 스트레스 때문에 갑상선암 수술을 하셨다는 것 정도다. 엄마는 때때로 아버지의 소심한 성격을 답답해했다. 차라리 내가 나가 사업을 했으면 큰돈 벌고 잘살았을 거라고 이야기하곤 하셨다. 자연히 살면서 내 영웅은 엄마였다. 엄마 닮은 흰 피부와 추진력은 내 자랑이었고, 아버지 닮아 조심스럽고 고지식한 건 콤플렉스였다.

퇴사하고 여유가 생기니 친정집에 자주 갈 수 있어 좋았

요즘 저는 아버지께 책을 읽어 드립니다

다. 가더라도 누워 계신 아버지와는 인사만 하고, 엄마하고만 한참 이야기하다 돌아오곤 했다. 아버지와는 무슨 이야기를 어떻게 해야 할지 알 수가 없었다. 그런데 2년 전쯤 아버지 컨디션이 조금 안 좋아지셨다. 덜컥 아버지와 마음속 이야기를 나눌 시간이 얼마 남지 않았을 수도 있겠다는 생각이 들었다. 결국은 하늘나라에 가실 아버지에게 하나님을 알게 해드리고 싶은 마음이 들었다. 매일 찾아가 아버지 침대 옆에서 성경책도 읽어 드리고, 조금씩 이야기도 시도했다.

그때 나는 아버지의 인생 이야기며 마음속 이야기를 처음으로 들었다. 그리고 새롭게 알게 된 것들이 생겼다. 아버지는 학창 시절 공부 잘하는 엘리트셨고, 유명 운동선수로 활동해 지역 여학생들의 인기를 한 몸에 얻은 '킹카'였다. 아버지의 인생에도 여러 고비가 있었으며, 그 상황에서도 아내와 자식들을 위해 오랫동안 힘들게 버텨 오셨다는 걸 알게 됐다. 그동안 내가 알고 생각해 왔던 아버지와는 영 다른 사람의 이야기였다.

장난기가 발동해 물어봤다.

"아버지, 왜 어릴 적에 저 한 번도 안아 주지 않으셨어요? 왜 사랑한다고 말해 주지 않으셨어요?"

아버지가 멋쩍은 듯 웃으며 말씀하셨다.

"옛날에는 다 그랬어."

"그럼 지금이라도 해 주세요."

그러자 아버지가 안간힘을 쓰며 뼈만 앙상해진 팔을 뻗어 나를 안아 주신다. 그리고 나긋하게 속삭여 주신다.

"사랑해."

아버지 이야기를 듣고 나니, 마치 한쪽으로 굽어 있던 몸이 바르게 쭉 펴지듯, 투명인간 같았던 내 영혼의 반쪽이 빛을 찾은 것 같은 느낌이 들었다. 아버지 닮아 조심스럽고 고지식한 게 나쁜 것만은 아니라는 생각이 들었다. 경영대학원 MBA학위를 받았을 때도, CEO로 승진했을 때도 느껴 보지 못했던, 근원적인 존재의 뿌듯함이 느껴졌다.

그 이후 내 삶에서도 달라진 것이 있다. 조심한다고 하지만, 살면서 무심코 남편과 시댁 식구들에 대한 불평이 터져 나올 때가 있다. 그럴 때마다 아이들의 표정이 좋지 않다. 아이들 마음에도 반쪽엔 내가, 나머지 반쪽엔 남편이 존재하고 있을 텐데, 내가 거기에 상처를 내 그들의 영혼을 기울게 하고 있는 건 아닌가 싶어 급히 수습해 본다.

타인의 입장

미디어 업계에서 23년을 일했던 나는 퇴사 후에도 여전히 미디어와 엔터테인먼트 분야에 큰 관심을 가지고 있다. 퇴사 전, 한 방송사의 콘텐츠를 해외에 유통하는 일을 반년 정도 했었는데 그때부터 사람들이 드라마를 보는 이유에 대해 생각하곤 했었다. 왜 보는지 알아야 잘 팔 수 있으니까. 다양한 장르의 드라마도 시간이 날 때마다 챙겨 본다.

기독교 변증가이자 작가인 C.S. 루이스(C.S. Lewis)에 대해 공부하다 보면 인간 안에 있는 '갈망'에 대해 고민한 여러 흔적이 보인다. 또한 여러 영성 작가의 작품을 보다 보면 인간이 가진 '영혼의 빈 공간'이란 표현을 쓰는데, 아마도 드라마를 보는 심리는 인간 공통의 갈망과 영혼의 빈 공간을 채우려고 하는 몸부림일지도 모른다는 생각이 든다. 세상적인 재미와 인문적인 시각을 합해서 보면 드라마나 예능을 혹은 미술 작품을 보는 시각도 확장되고 풍성해진다.

지금까지 본 드라마 장면 중 유독 "시크릿 가든"이라는 드라마의 한 장면이 기억에 남는다. 재벌집 아들 김주원이 집안의 반대를 무릅쓰고 가난한 스턴트우먼 길라임과 결혼하겠다고 할 때, 할아버지가 정감 있는 어투로 손자에게 충고한다.

"야 이 녀석아, 너는 왜 그렇게 이기적이냐! 집안 생각은 안 해? 어떻게 처음부터 네가 사랑하는 여자랑 살려고 해!

나는 집안을 위해 세 번 결혼하고, 네 번째에 겨우 내가 사
랑하는 여자와 산다!"

사랑하는 사람과 결혼하는 게 이기적이라니! 그동안 빈부
격차를 무릅쓴 사랑 이야기에서 아들의 애인에게 돈 봉투를
건네는 부잣집 사모님들을 악역이라고만 생각했는데, 이 드
라마는 그런 내 고정관념을 완전히 깨뜨렸다. 사람은 선과
악이라는 틀로 정의할 수 없으며, 모든 사람에게는 저마다
나름의 형편과 눈물이 존재한다는 것을, 왕관을 쓰는 자들
에게는 견뎌야 하는 왕관의 무게가 존재한다는 것을 드라마
의 재미있는 한 장면을 통해 느낄 수 있었다.

얼마 전 TV 강연 프로그램에 나온 동양 고전 주역 전문가
의 이야기를 듣고 물질과 성공을 향한 내 생각은 비로소 완
전히 방향을 틀게 되었다. 주역에는 모든 부와 명예에는 마
(魔)가 따르며, 그것을 물리치는 방법은 공부하고 베푸는 것
이라고 나와 있다고 한다. 인격의 그릇이 모자란 자가 많이
가지고 성공해 본들 결국은 끝이 좋지 않게 된다는 이야기
인 것 같았다. 일본인 변호사 니시나카 쓰토무가 만 명의 의
뢰인들을 변호한 후에 쓴 책, 《운을 읽는 변호사》에 나오는
이야기와 맥을 같이 했다. 고개가 끄덕여졌다. 그 이야기를
들은 이후, 내 안에서 끊임없이 남과 나를 비교하고 더 가지

면 행복할 거라고 영혼의 허기짐을 부추겨 오던 물질만능주의의 싹이 얼마간 잘라나간 듯한 느낌이 들었다. 그 후부터 나는 타인이 가진 것을 부러워하던 시선을 내 안의 그릇을 키우는 데 집중하자고 마음먹었다. 그러자 경쟁에서 뒤쳐질까봐 불안한 마음도 사라지고 내가 도와야 하는 사람을 마음의 눈으로 살피는 넉넉한 마음이 생겨남을 느낀다. 물론 여전히 못난 마음이 불쑥불쑥 고개를 들기도 하지만 예전에 비해 마음이 비교할 수 없이 가벼워졌다. "진리가 너희를 자유롭게 할 것이다"(요 8:32)라고 하시는 예수 그리스도의 말씀이 역시나 진리인가 보다.

드라마에서 책에서 진리를 발견하고 마음의 자유를 얻고 나니 앞으로 나도 살아 있는 진리를 밝히는 책이나 드라마를 만드는 데 기여해 보면 좋을 듯 싶다. 어쩌면 그게 하나님이 뜻하시는 하나의 선일지도 모르겠다 생각하며 오늘도 열심히 책장을 넘기고 TV 리모콘을 돌려 본다.

8

게임에서 배우는 삶의 전략

게임의 미학

코로나 때문에 집안에만 갇혀 있어야 했던 2년, 중학생 아들들이 그 답답한 시간을 견딜 수 있었던 건 단연코 리그 오브레전드(League of Legends)라는 컴퓨터 게임 덕분이다. 줄여서 '롤(LoL)'이라 부르는 이 게임은, 그래픽 기술로 만들어진 가상의 공간에서 게임 캐릭터를 하나 정해 다양한 전략과 무기로 상대 팀을 공격하여 무찌르는 게임이다. 사이버 공간에서 같은 팀 내 플레이어와 계속 말을 주고받으며 게임을 할 수 있어서, 사회적 거리두기 탓에 친구가 고픈 아이들은 시간이 되면 사이버 세상 속으로 자연스레 집결했다.

아들들은 각자 방에서 헤드셋을 끼고, 침을 튀기며 팀 메이트와 작전을 이야기하고, 끊임없이 마우스를 클릭해 가며 숨 막히는 게임을 치렀다. 격앙된 목소리로 오가는 이야기를 들으면, 아들들에게 이 게임의 승부가 얼마나 중요한지 알 수 있었다.

그러나 아들들이 몇 시간씩 게임에 빠져 있는 모습을 보는 내 마음은 흡사 삶은 고구마 덩이를 통째로 삼킨 듯 답답하기 짝이 없었다. 얼마나 답답하면 거기에 매달려 있을까 싶어 모른척하다가도 숙제할 시간이 훨씬 넘어서까지 그러고 있는 녀석들을 보면 화가 치밀어 올랐다. 어차피 화내 봐야 아이들 마음 상하면 하려던 숙제도 못하게 될 것이 뻔하니 하나님께 답답한 마음을 토로하는 수밖에…. 잔소리 대신 성경을 펼친다. 형광펜으로 굵게 칠해진 로마서 8장 28절 말씀을 다시 붙잡는다. 모든 것이 합력하여 선을 이룬다고 하셨으니 어디 나한테만 그렇겠어? 저 녀석들한테도 그렇겠지…. 생각을 바꾸니 도대체 무슨 게임인데 그러나 궁금해지기 시작했다. 밥상에 맛있는 반찬을 차려 주며 아양 섞인 부드러운 어투를 장착하고 물었다.

"그게 그렇게 재미있어? 무슨 내용인지 엄마한테 설명해 줄래?"

아들들은 어리둥절한 표정으로 잠시 동안 엄마의 진심을 가늠해 보다가 자신들의 말 한 마디 한 마디에 맞장구를 쳐 줬더니 이내 신나서 침을 튀기며 게임의 룰과 원칙, 핵심 포인트를 설명해 주었다.

전 세계에서 가장 유명한 게임으로, 내로라하는 대기업들이 후원하는 프로팀이 존재하며, 롤 월드컵도 열리고, 명품 브랜드 루이비통도 롤에 캐릭터 한정판을 내놓는다며 게임의 영향력이 얼마나 대단한지를 설명한다. 가만 듣고 있다 보면 게임의 승패는 '큰 그림을 보며 판을 읽는 전략'과 '타이밍에 맞게 성실히 움직이는 손놀림' 그리고 '자신이 선택한 캐릭터를 제대로 파악해, 해야 할 역할을 정확히 하는 것'에 달려 있는 것 같다. 그들의 용어로는 그걸 각각 '뇌지컬(뇌와 피지컬의 합성)' '피지컬' '포지션'이라고 부른다. 어찌 보면 아이들이 말하는 게임의 전략은 인생의 성공 전략과도 흡사하다. 그것들을 잘 활용하여 게임을 이기고 나면, 마치 세상을 다 얻었다는 듯 희열에 가득 차 방방 뛰며 방을 나온다. 그리고 외친다.

"엄마! 밥 주세요!"

게임에 이겼다고 당당히 밥 달라고 외치는 아들의 해맑은 얼굴을 보면 말씀에 의지해 화를 가라앉히고 마음을 열어 아들이 열광하는 게임의 세계를 이해하려고 노력했던 게 잘한 일이었다는 생각이 든다. 언젠가 참석한 입시설명회에서 나이 지긋한 학원 원장님이 수시 입시의 성공 전략을 설명하며 하시던 말씀이 생각난다.

"아이들과 원만한 관계를 회복하는 게 먼저입니다. 그래야 그 아이의 관심사나 적성을 알 수 있죠. 그것이 수시 입시의 핵심 전략입니다."

그래 관계가 먼저다!

다윗의 돌팔매

'인문학과 고무장갑'은 내 삶을 풍성하게 하고 내게 행복을 안겨 주는, 죽는 날까지 절대 놓지 말아야겠다 생각하는 소명의 도구이다.

직장을 그만두고는 성경과 인문학을 붙잡고 '언젠가는 이 책들이 나를 고무장갑에서 벗어나 다시 스포트라이트를 받는 무대로 올려 줄지 모른다'고 기대했다. 그런데 오히려 성경을 읽고 책에 빠져들수록 하나님은 그 책의 내용을 통해 내 삶의 자리와 상황의 의미를 해석할 수 있게 하셨다.

예를 들어 구약의 '다윗과 골리앗' 이야기를 통해 아무도 알아주지 않던 양치기의 자리에서 최선을 다했던 다윗을 보게 하셨다. 다윗이 골리앗을 이길 수 있었던 비결은 두 가지였다. 첫 번째는 하나님을 경외함으로 큰 뜻을 믿고 따랐던 것이고, 두 번째는 양치기 일을 할 때 맹수로부터 양들을 지키기 위해 돌팔매 능력을 키웠던 것이다. 다윗의 삶을 내 삶으로 가져오니 세상을 바라보는 눈이 더욱 넓어졌다. 해방되고 싶었던 고무장갑, 어쩌면 이 고무장갑이 나를 다윗으로 만들어 주는 물맷돌일지도 모른다는 생각이 들었다. 고무장갑을 끼고 살림하고 아이를 키우는 동안 나도 모르는 사이에 훈련된 어떤 능력이 있음이 분명하다. 그 능력이 훗날 내가 골리앗이라는 불가능의 적을 쓰러뜨릴 필살기가 될 것이라고 믿는다.

그동안 내가 누렸던 것, 예컨대 깨끗한 집, 정갈하게 다려진 옷, 맛있는 음식 등이 얼마나 감사한 것이었는지 새삼 알게 됐다. 감사가 넘치니 웃게 됐고, 내 주변과 이웃에게 친절하게 대하게 됐다. 내가 먼저 웃으며 다가가니 남들도 나를 친절하게 대해 줬다. 성경 읽는 삶이 주는 또 하나의 삶의 긍정적인 변화였다.

인문학과 고무장갑

또 한 가지는 한참 후에 우연히 느끼고 신기하다고 여긴

요즘 저는 아버지께 책을 읽어 드립니다

것이었는데, 고무장갑을 끼고 화장실을 청소할 때나 장을 봐서 들고 걸어오는 때 글에 대한 새로운 영감이 떠오른다는 것이다. 철학자들이 산책을 즐긴 이유도, 깨달음을 얻은 현자들이 산속 수련을 마치고는 마을로 내려와 일상의 삶을 살았던 이유도 바로 이것이 아닌가 하는 생각이 들었다. 이제는 글을 쓰다가 막히면 오히려 청소할 데가 없나 찾아다니고 일부러 고무장갑을 끼고 싱크대 앞에 선다.

이렇게 나는 인문학을 통해 인간이 오랜 역사를 통해 그려 온 그림을 보는 시각을 갖게 되는 동시에 고무장갑을 끼고 매일의 삶 속 수련 과정을 통해 내 삶의 자리를 소중하게 느낄 줄 아는 건강한 몸과 균형 잡힌 마음을 얻는다. 책과 성경으로 내가 누린 행복을 타인들에게도 나눠주자 싶으니 다른 사람이 만들어 놓은 무대에 서고 싶은 마음이 줄어든다. 내 안의 빛이 느껴지니 다른 사람들의 스포트라이트가 별로 신경 쓰이지 않게 된다. 무대에서 내려오고 얼마간 시간이 지나고 나니 기대치 않게 예전에 꿈꾸었던 '품위 있는 자유함'을 얻게 된 듯한 느낌이 든다. 또다시 감사하다.

어쩌면 컴퓨터 앞에 그 오랜 시간 엉덩이 붙이고 앉아 게임을 하는 중학생 아들들은, 엄마가 보내는 매서운 눈초리를 견뎌 가며 삶을 사는 지혜와 진리를 본능적으로 체득하기 위해 고군분투하고 있는지도 모르겠다. 인간 세상에 대한 큰 그림을 보는 시각과 때마다 주어진 상황에 대처할 수 있는 실행력을 두루 갖추고, '나'라는 캐릭터를 파악해 포지션을 지키며 나만이 할 수 있는 일들을 하는 것, 그것이 인생이라는 게임에서 '자유와 행복'이라는 최종 승리 카드를 거머쥐는 비밀이라는 것을.

요즘 저는 아버지께 책을 읽어 드립니다

9
교만과 불평의 망토를 벗어던진 날

교만과 불평의 망토

돌이켜 보면 지난 날 나는 자존감이 낮고 불안한 사람이었다. 열심히 일해 성공해야만 사랑받을 수 있고, 행복할 수 있다고 믿었다. 끊임없이 남과 나를 비교하고, 내가 가진 것에 감사하기 보다는 내게 없는 것들을 불평하는 삶을 살았다. '교만과 불평의 망토'를 둘러쓰고 앉아 왜 열심히 살려고 애쓰고 노력하는 내게만 이런 일이 생기는 거냐고 원망하기 일쑤였다. 그것이 내 어깨를 더 무겁게 한다는 사실도 깨닫지 못한 채 말이다.

결혼 후 아이를 낳고 어렵게 직장생활을 유지하던 중,

2008년 말 기자였던 남편이 북경 특파원으로 발령을 받았다. 때마침 둘째를 임신했던 터라 외국에서 두 아이를 키워야 하는 상황이었기에 다니던 회사에 사표를 냈다. 이삿짐을 싸고 있는데 일하며 알고 지내던 〈보그〉(Vogue) 잡지의 아시아 지사장에게서 전화가 왔다. 그는 내게 이렇게 말했다.

"북경으로 간다는 이야기를 들었습니다. 그동안 당신의 일하는 모습이 인상적이었습니다. 한국에서 일한 경험을 가지고 보그 차이나에 와서 일해 준다면 기쁘겠습니다. 가능하겠습니까?"

1초의 고민도 없이 나는 제안을 승낙했다. 그렇게 나는 2009년부터 2011년까지 3년간 세계적인 미디어 회사 '콘데 나스트(Conde Nast)'의 중국 지사에서 마케팅 컨설턴트로 일했다. 출근 첫날, 북경에서 가장 번화한 금융가 속 고층빌딩에 마련된 나만의 사무실로 들어가는데 얼마나 들떴을지 상상이 되는가. 그러나 이런 기대감은 오래 가지 않았다. 그 회사는 세계적인 매체를 발행하는 회사였던 만큼 함께 일하는 발행인들 역시 오랜 경험을 쌓아 오며 업계 최고라 인정받는 사람들이었다. 그 사이에서 중국 시장에 경험도 일천하고 중국말도 못 하는 한국인인 내가 영국인 사장에 의해 스카웃되어 왔으니 누군들 반겼겠는가. 나 역시 '과연 내가 이런 사람들 사이에서 살아남을 수 있을까?' 하는 의구심이 들었다. 내 평생 가장 가난한 마음이 들었던 시기였다.

그러나 물러서고 싶지 않았다. 살아남고 싶었다. 그러려면 어떻게 해야 할까 고민하며 기도했다. 묵상집 글 속 '온유와 겸손'이라는 단어가 마음에 와 닿았다.

생각을 바꾸자 그동안 나를 못마땅하게 바라보던 중국인 직원이 아니라, 늘 불편한 긴장감을 놓지 못하는 그들의 안타까운 모습이 보였다. 경제 발전 역사가 길지 않은 중국에선 임원과 직원 사이를 기민하게 보좌할 중간 관리자가 부족하다는 점도 보였다. 먼저 몸을 낮춰 팀의 업무를 세심하게 챙기며 그들을 도왔다. 영국인 지사장에게 보낼 영어 보고서 작성이나 커뮤니케이션을 거들었고, 그럴 때는 늘 중국 직원들 편에서 그들이 원하는 바를 전달하는 역할을 했다. 그렇게 낮아진 마음으로 임하니 시간이 지나면서 그곳 사람들의 마음을 얻게 되었다. 바쁜 편집장들이 내 방으로 직접 들어와 도움을 청하기도 하고, 서로 나와 함께 일하고 싶다며 매체간 일정을 조정하는 상황도 펼쳐졌다. 그렇게 3년이 지나 남편의 임기가 끝날 때까지 나는 중국인 직원들과 깊은 우정을 쌓고 함께 팀으로 일하는 값진 경험을 할 수 있었다.

남을 빛나게 해 주는 사람

중국 생활을 마치고 한국에 들어와 나는 국내 미디어 기업 전략 담당 임원으로 일을 시작했다. 그런데 1년 후인 2014년 12월, 그룹 회장님으로부터 나를 그룹 잡지사의 CEO로 발령하겠다며 열심히 해달라는 당부의 전화를 받았다. 그동안 일하면서 노력한 결과에 보상받는 듯하여 기쁘고 또 가슴이 떨렸다. 그러나 의외의 인사발령에 대한 회사 내 반응은 썰렁함 그 자체였다. 회사에는 오래전 공채로 회사에 들어와 연차대로 승진하며 회사 내 가장 노른자 자리인 잡지사 CEO 자리를 바라보고 있던 임원들이 많았다. 그런 상황에서 중국서 일하다 '굴러들어 온 돌'인 내가 그들의 자리를 가로챘다 느꼈을 것이다. 그 당시를 기억해 보면 윗사람 아랫사람 통틀어 내 대표직 발령을 기쁜 마음으로 축하해 주는 직원은 단 한 명도 없었다. 거기다 업계에서 오랜 기간 일해 이미 좋은 성과를 낸 전임 대표님의 영향력을 생각해 보면 아무에게도 내 존재를 인정받지 못한 채 조직의 수장으로 발령이 난 그 상황은 축복이 아닌 듯 했다.

그러나 이미 인사발령은 난 상황, 이럴 수도 저럴 수도 없었다. 누구 한 명 붙잡고 하소연할 수 있는 처지가 아니었다. 기도밖엔 방법이 없었다. 예배 시간에 앉아 담임목사님

요즘 저는 아버지께 책을 읽어 드립니다

의 설교를 듣고 있는데 설교 내용과 별도로 그 시간이 내겐 큰 의미로 다가왔다. 내가 출석하는 교회는 영향력이 큰 목사님이 오랜 기간 동안 담임하셨던 대형교회다. 초대 담임목사님이 소천하신 후 담임목사직을 이어받아 교회를 책임지고 계신 2대 담임목사님의 모습이 내 상황과 오버랩되며 그분이 느끼셨을 부담감이 이해가 되었다. 동시에 이런 생각도 들었다.

'아무리 예전 목사님의 명성이 크다 해도 나는 오늘 지금의 담임목사님의 설교에 은혜를 받는다. 그렇다면 나 또한 낮은 자세로 열심히 임하면 언젠가 나로 인해 직원들이 행복해하고 나를 믿고 따라주는 순간이 오지 않을까?'

목사님의 모습에 용기를 얻어 한번 해 보자 하는 마음을 먹게 됐다. 중국에서 경험했듯 낮은 자세로 임하면 언젠가는 사람들도 나라는 사람을 인정해 주지 않을까 싶었다.

발령 후 가장 처음 한 일은 80여 명의 직원 모두와 일대일 면담을 한 것이다. 내가 같이 일해야 하는 직원들이 어떤 사람이고 또 그들이 각자 어떤 목표와 고충을 가지고 있는지 알아야 했다. 매일 면담을 통해 나 자신을 소개하고 그들의 이야기를 듣는 과정을 반복했다. 내 이야기를 진심으로 하고 모든 직원의 이야기를 진심으로 경청하는 과정을 통해 나는 그들과 친밀한 관계를 맺어 갈 수 있었다. 점심시간에는 하루도 빠지지 않고 광고주를 만나 나를 소개하고 그들의 문제를 경청했다. 광고주와 만나는 과정을 통해 새로운 영업 아이디어가 떠오르고 직원들과 만나는 과정에서 누구와 그 일을 같이 하면 될지 그림이 그려지기 시작했다.

또한 어려운 일에 앞장서는 모습을 보이려고 했다. 나를 1호 영업사원이라 자청하고 규모가 큰 프로젝트들을 기획해 광고주들을 만났다. 그 일이 잘되면 공을 같이 했던 직원에게 돌리려 했다. 일하던 회사가 합작사였기에 새로운 편집장을 임명해야 하는 상황에서는 그들이 통과해야 하는 영어 인터뷰 준비도 같이해 주고 조언도 해 주려고 했다.

그렇게 일 년쯤 지나자, 외부인들로부터 우리 직원들이 신이 나서 일한다는 이야기가 업계에 돈다는 기분 좋은 말을 들었다. 직원들의 사기가 오르니 따라서 제작물의 수준이 높아지고 영업 성과가 나기 시작했다. 직원들도 스스로 성장을 느끼니 신이 나서 더 열심히 일했다. 회사는 빠르게 성장할 수 있었고 그룹 내의 다른 직책을 맡아 잡지사를 떠날 때까지 2년을 신명나게 일했던 기억이 있다. 진심이 통했던 걸까? 아직도 그때 같이 일했던 직원들과는 연락을 주고받으며 언제 만나도 마치 어제 헤어졌던 사람들처럼 친밀한 인연을 이어 오고 있으니 감사할 따름이다.

온유함과 겸손의 날개

23년의 사회생활을 돌아보면 내 경력을 통틀어 나를 진정 빛나게 했던 순간들은 지위와 명예를 거머쥐었던 때도, 사람에게 칭찬받았던 때도 아니었다. 교만과 불평의 망토를 벗어 던지고 겸손한 마음으로 성실히 일할 때였다. 내 이득을 챙기기보다 주변 사람들에게 어떻게 하면 도움을 줄 수 있을까 고민하며 낮은 자세로 임했던 때, 주어진 것에 감사하며 성심으로 일했던 순간들이었다.

마태복음 속 예수님은 무거운 짐진자들에게 "내게로 오라"며 "쉬게 할 것이다"라고 초대하신다. 그 방법을 보여 주신 것이 다음 구절이다.

"나는 마음이 온유하고 겸손하니 너희는 내 멍에를 메고 내게서 배우라. 그러면 너희 영혼이 쉼을 얻을 것이다."

마 11:29

온유와 겸손으로 세상을 바라보면 쉼을 얻을 것이라 말하고 계신다.

우리 집 거실 테이블엔 중국을 떠나올 때 선물로 받은 조각상이 하나 있다. 두 날개를 가진 천사가 턱을 괴고 앉아 골똘히 생각에 잠긴 모습을 세심하게 깎아 놓은 것이다. 그곳에서 어떻게든 살아남으려고 매일 기도하던 때가 떠오른다. 그 조각상을 바라보며 지금도 늘 스스로에게 다짐한다. 교만과 불평의 망토, 오랜시간 내 발목을 잡았던 그 망토를 다시 꺼내 입지 말자고. 대신 온유와 겸손의 날개를 달기 위해 노력하자고.

요즘 저는 아버지께 책을 읽어 드립니다

10
인생을 바라보는 렌즈

계산 잘해야 잘사는 것 같은 세상

《혼자 일하며 연봉 10억 버는 사람들의 비밀》이라는 책을 읽었다. 제목은 다소 원색적이지만 혼자 창업에 성공한 사람들의 인생 이야기가 진솔하게 잘 정리되어 있어 재미있게 읽었다.

특별히 내가 항상 고민하던 부분에 대해 답을 주는 내용이 있어 반가웠다. 그것은 바로 사업에 성공한 사람들은 '기브앤테이크(Give-and-Take)'가 아닌 '기버스게인(Giver's gain)'이라는 관점에서 일을 했다는 것이었다. 내가 하나를 내주면 상대방도 하나를 내주기를 기대하는 것이 아니라, 내가 기대치보다 훨씬 더 큰 감동을 고객에게 주면, 고객이 단골이 되는 동시에 입소문까지 내 주어 궁극적으로 더 큰 이익으로 돌아온다는 말이다. 요즘에는 SNS의 영향으로 입소문 전파 속도와 파급력이 더 커져 이러한 현상이 두드러진다고 한다.

손이 크신 엄마는 늘 음식이고 물건이고 많이 사와 형제들과 자식들에게 나눠 주곤 하셨다. 운전할 때는 끼어드는 앞차에 기꺼이 자리를 내주며 "일이 많이 바쁜가 보다" 하셨고, 시부모님, 시동생들까지 다 챙기며 사셨다. 내가 왜 그리 손해 보는 일을 하느냐고 해도 "남들한테 베풀 때는 정성을 다하고 거기서 끝내야 한다. 상대방이 내게 똑같이 돌려주기를 바라지 말아라. 덕을 쌓으면 잘살게 되어 있다"라고 말씀하곤 하셨다. 그런데도 내 눈에 세상은 여전히 계산 잘하는 사람이 잘사는 것처럼 보였다. 심지어 내 것은 안 내주고 남의 것으로 이득 보는 뻔뻔한 사람이 똑똑한 것 같은 착각이 들 때도 있었다. 그래서 운전 중에 끼어드는 앞차가 있으면 자리를 양보해 주면서도 속으로는 '내가 바보인가? 이렇게 살다가는 호구가 되는 게 아닌가?' 하는 옹졸함을 떨쳐 버릴 수 없었다.

그런데 책에서 하는 말을 보니 엄마가 맞았다. 내가 내 할 도리를 다하면 그게 덕이 되어 내게 단골손님으로, 좋은 소문으로, 결국은 사업의 성공으로 돌아온다는 것이다. 그래. 결산은 내 앞의 사람과 하는 것이 아니라 하나님과 하는 것이다. 이렇게 결론을 내리니 이제 나도 너른 마음으로 끼어드는 차에게 자리를 양보할 수 있을 것 같다.

영 남는 장사가 아닌 것 같아도

아이들 교육 때문에 일을 그만두고 엄마라는 역할에만 집중하게 된 상황에서 이성은 옳은 결정을 했다고 하지만, 마음까지 납득시키는 데에는 시간이 꽤 걸렸다. 처음에는 다니던 회사의 인사발령 소식을 듣거나, 활발하게 활동하는 선후배들을 보면 우울한 감정이 깊은 곳에서부터 올라와 똬리를 틀었다. 그리고 나면 아이들이나 남편이 무심코 한 말과 행동에 분노의 방아쇠가 당겨져 그들로서는 영문 모를 화풀이를 해대기 일쑤였다. 여자에게 결혼이, 자식을 키우는 일이 도대체 남는 장사가 아닌 듯했다. 결혼이나 출산 앞에 고민하는 후배가 있으면 "힘들지만 얻는 것도 많아요. 하지만 안 할 수 있으면 안 해도 괜찮은 것 같아요" 식의 충고를 해 주곤 했다.

우울감이 나를 이상한 괴물로 만들어 갈까 봐 두렵기도

했고, 또 언제든 복귀할 수 있도록 쉬지 않고 책을 읽고 공부를 했다. 미디어 업계로 돌아간다면 스토리텔링 기법을 공부하는 것이 도움이 될 것 같았다. 미디어에 관심이 많은 아이를 위해서도 도움이 될 것 같았다. 그러던 중에 두란노 바이블 칼리지의 한 강좌가 눈에 띄어 등록했다. 강좌 제목이 "인문학으로 배우는 자녀양육법, 나니아로 떠나는 기독교 세계관 여행"이었다. 《나니아 연대기》는 영문학자이자 기독교 변증가인 C.S. 루이스가 아이들을 위해 쓴 소설이다. 복음과 크리스천의 인생 여정이라는 무거울 수 있는 주제를 판타지라는 장르를 통해 쉽고 이해하기 쉽게 썼다. 총 24주 과정, 3학기를 나니아 연대기와 C.S. 루이스에 빠져 책을 읽고 독후감을 쓰며 지냈다.

미디어 회사에서 일하면서 마음속에는 늘 글쓰기, 콘텐츠 만들기에 관심이 많았다. 내가 맡은 업무는 전략 수립과 마케팅, 영업, 사업을 관리하는 일이었지만, 늘 내 이야기를 글로 쓰고 싶었다. 아직은 설익고 여물지 않은 실력일지라도 글을 쓰는 동안 내 삶과 생각에 몰입하다 보면 그 과정에서 굉장한 희열을 느낀다. 무슨 일이든 허접한 시간을 견뎌야만 성공할 수 있다고들 한다. 아직은 허접해서 답답하고 읽어 주는 분들에게 미안한 마음도 든다. 그러나 크게 성과가 있는 것도 아닌데 계속하고 싶은 에너지가 생기고, 틈만 나면 어떤 글을 쓸까를 고민하는 나를 발견한다. 그럴 때면 신기하다. 마치 오랫동안 몸에서 겉도는 기성복을 입다 이 제야 비로소 맞춤옷을 입은 느낌이랄까?

이렇게 글을 쓰다 보니 영 남는 장사가 아닌 듯했던 아이 키우기에 대한 생각도 바뀌었다. 고단하던 직장생활을 마치 고, 생각지 못했던 멋진 일을 시작할 수 있는 시간일 수 있 겠다는 생각이 든다. 인생 여정을 바라보는 렌즈를 조금만 줌아웃하면, 아이를 낳아 키우는 일도 '꽤 남는 장사'일 수 있다. 길에서 유모차를 밀고 지나가는 아기 엄마들을 만나 면 "비록 지금은 고되고 당장은 돌아오는 것이 없는 것 같 아도, 기다리면 좋은 일이 많이 생길 거예요!"라고 이야기 해 주고 싶다.

그렇다고 해서 삶의 현장에서 고군분투하고 있는 젊은이 들이나 워킹맘들에게 지금의 일을 소홀히 해도 된다거나 쉽 게 포기해도 된다는 이야기를 하는 것이 아니니, 절대로 절 대로 오해 마시기를. 지금의 내 생각은 광고대행사에 다니 던 사회초년생 시절 광고주에게 호된 질책을 듣고 서러움에 화장실에 앉아 흐느끼던 순간, 미국 유학 시절 백 번 가까운 면접 탈락의 고배를 맛보며 좌절했던 순간, 큰아이 낳고 3개월 출산휴가 후 복직한 무더웠던 여름에 한 평 남짓한 탕비실에서 유축기로 젖을 짜 가며 꿀 땀을 흘리던 순간들을 넘어서면서 유지해 왔던 23년의 직장생활의 경험이 바탕이 되어 만들어 준 것이니까.

다만 피할 수 없는 어떤 상황에 내몰려 그대로 직진할 수 없다면, 그때야말로 자신을 찾고 몸과 마음과 영혼을 재충전하여 새로운 시작을 꿈꿀 수 있는 절호의 찬스니 온마음으로 맞아들이라고 말해 주고 싶을 뿐이다.

요즘 저는 아버지께 책을 읽어 드립니다

11
내 몸 공화국에서의 리더십

갑자기 찾아온 통증

얼마 전부터 어깨와 등이 뻐근하다 싶더니, 왼팔 전체에 찌릿한 통증이 느껴지기 시작했다. 쉬면 나아지겠지 했는데, 통증이 심해지더니, 팔을 위로 높이 들기 어렵고 옷도 입기 거북할 정도가 됐다.

3년 전, 오랜 직장생활을 통해 만들어진 거북목과 굽은 어깨로 인해 어깨 통증을 처음 느꼈다. 그동안은 필라테스를 통해 자세를 교정하고, 체조와 스트레칭을 꾸준히 하면서 비교적 몸의 통증 없이 살았는데, 다시 왼쪽 팔의 통증이 찾아왔다. 그것도 더 심하게.

정형외과를 찾아 초음파 진단을 받았다. 다행히 뼈나 인대에는 문제가 없었고, 오십견이라고 했다. 의사 선생님은 이 병은 나빠졌다가 회복되는 사이클을 가지고 있고, 사이클의 어느 부분에 있는가에 따라 치료해도 더 악화될 수도 더 좋아질 수도 있다면서, 별다른 문제가 없으니 약 먹고 나아지지 않으면 전신 소염제 주사를 맞자고 하셨다.

예전 몸의 통증을 필라테스와 자세 교정으로 고쳤던 기억이 나서, 팔과 어깨를 위주로 신경을 쓰며 스트레칭을 했다. 운동하면 좀 나아지는 듯하더니, 주말 삼시를 챙겨 먹고 나면, 어김없이 지릿지릿 다시 통증이 밀려왔다. 어깨를 펴고 복식호흡을 해 보아도 소용이 없었다. 한바탕 화장실 청소나 밀린 설거지를 하고 나면 유독 왼쪽 팔이 저려 왔다. 이상했다. 말린 어깨가 팔의 신경을 눌러 통증이 생긴다면, 왜 유독 왼쪽일까? 더구나 나는 오른손잡이인데. 한번씩 심한 통증이 오면 주저앉아 통증이 잦아들기를 기다려야 했다. 이런 일이 반복되자 이러다가 평생 왼팔을 못 쓰는 게 아닐까 하는 두려움까지 밀려왔다.

몸의 균형 맞추기

통증을 견디며 저녁 설거지를 하다 보니 오른손 장갑 안으로 물기가 느껴졌다. 또 구멍이 났나 보다. 나는 심한 오른손잡이라 언제나 오른손만 힘을 쓰니 고무장갑도 늘 오른손에 먼저 구멍이 난다. 오른손용 외짝 고무장갑을 따로 준비해 놓을 정도다. 그 순간 생각이 들었다.

'어쩌면 왼팔의 통증은 내가 심한 오른손잡이이기 때문이 아닐까?'

얼마 전 화장실 청소를 대차게 하고 나니 오른쪽 등이 결려 일어나지도 못했던 적이 있다. 그 뒤로 왼팔 저림이 시작되었다. 양치질, 젓가락질, 칼질, 글씨 쓰기, 하다못해 얼굴에 화장품 바르기까지 생활 모든 움직임을 오른손과 오른팔에 의존하다 보니, 왼팔과 왼손은 그저 오른팔에 이끌려 '공짜 인생'을 살아왔다. 눈을 감고, 두 팔의 힘과 무게를 느껴보려고 집중해 보았다. 생활 속 내 자세를 주의 깊게 관찰해 보았다. 힘을 쓸 때뿐 아니라 앉아 있을 때도, 서 있을 때도, 늘 오른쪽으로 기울어진 자세를 하고 있었다.

오른손만을 쓰다 보니 오른팔 힘이 세졌고, 기세가 등등해진 오른팔이 오른쪽 어깨를 잡아당기고 있었다. 당연히 일하지 않아 힘이 없고 기가 죽은 왼팔과 왼쪽 어깨가 당겨져 견갑골이 등에 딱 달라붙어 움직임의 범위도 작고, 어깨 신경도 눌러 팔이 저리고 아픈 듯했다.

그때 언젠가 본 브루스 립튼(Bruce Lipton)의 영상이 떠올랐다. 그는 세계적인 세포 생물학자로 《허니문 이펙트》의 저자인데, 한계를 뛰어넘는 잠재의식에 대해서 말한다. 그는 '인체는 뇌가 컨트롤하는 50조 개 세포들의 공화국'이며 우리는 각자가 '몸이라는 공화국의 리더'라고 했다. 내 몸 공화국에서 리더십을 발휘해야겠다고 생각했다. 먼저 왼팔과 왼손에게 대화를 시작했다.

"왼팔아, 왼손아. 너는 내가 평생 너를 쓰지 않아 힘이 길러질 기회가 없었구나. 세상엔 공짜가 없단다. 일을 통해 힘을 길러야 당당히 자기 몫을 챙길 수 있어. 너도 오른손과 같이 성장할 공평한 기회를 줬어야 했는데, 늘 눈앞의 일을 처리하는 데 급급해 너를 소외시키고 그저 습관적으로 오른손만 써 왔구나. 이제 네가 좀 느리고 굼떠도 가능한 많은 기회를 줄게. 안 쓰던 힘을 쓰려면 힘이 많이 들 거야. 굼뜨고 어설퍼서 너 스스로도 답답할 테고. 그렇지만 통증을 줄이기 위해서는 이 방법이 최선인 듯하다. 내가 같이 가 줄 테니 한번 해 보렴."

그러고는 다음날 아침 칫솔을 왼손에 넘겨주었다. 가방도 왼팔이 들도록 했다. 칼질이나 불 쓰는 일, 운전대를 쥐는 일처럼 안전과 관련한 움직임 빼고는, 모든 손 쓰는 일과 힘

쓰는 일을 가능한 왼손과 왼팔에게 시켜 보려고 노력했다. 생각보다 쉽지 않았다. 신경을 쓰지 않으면 습관적으로 오른손이 치고 나와 왼손의 일을 빼앗아 가기 때문이었다. 그럴 때마다 오른손에게 이야기했다.

"오른손아 평생 수고 많았다. 고마워. 그런데 이제는 네가 좀 쉬엄쉬엄 일할 때가 온 것 같아. 네 쪽으로 틀어진 몸을 왼쪽에게도 좀 나누어 주자. 그래야 통증 없이 우리 모두 행복할 수 있을 것 같아."

3주쯤 지나 저녁 설거지를 하고 있는데, 갑자기 예전과 달리 왼손에 힘이 들어가는 게 느껴졌다. 오른손에 힘이 빠지고 왼손에 힘이 들어가 전혀 새로운 형태로 힘을 쓰고 있는 나 자신을 느낄 수 있었다. 그리고 신기하게도 그날 저녁부터 왼팔이 많이 가벼워진 듯한 느낌이 들었다. 또 며칠 후에는 예배 시간 찬양을 부르며 우연히 양손을 올리는 데 이전보다 훨씬 가벼워진 느낌으로 왼팔이 쑥 올라가는 게 아닌가! 이후로는 조금씩 조금씩 나아지더니 몇 달이 지난 지금은 거의 이전 상태로 회복이 되어 가고 있다.

그렇다! 몸 안에서도 균형이 이렇게 중요한 문제였다. 한쪽으로만 일하면, 한쪽만 너무 기세가 등등하면 통증이 생긴다. 모자라서도 안 되고 넘쳐도 안 된다더니, 넘치는 오른쪽의 힘과 모자라는 왼쪽의 힘, 그 균형을 맞춰 주는 것만으로도 도움이 되었다. 혈액순환과 균형, 어쩌면 몸의 많은 문제는 이 두 가지가 핵심인 듯 싶었다.

왼쪽 어깨의 통증이 아직 조금은 남아 있지만 아마도 계속 신경을 쓰고 노력하면 왼손과 왼팔의 능력이 커짐에 따라 점점 더 상태가 호전될 것 같다. 언젠가는 왼쪽 장갑에도 구멍이 나는 날이 올지도 모르겠다.

몸의 문제를 이렇게 혼자서 풀어 보니 재미도 나고 스스로 대견하기도 하다. 어깨 통증으로 인해 자세에도 더 신경 쓰게 되고, 스스로의 몸에 대해 깨어 있게 되니, 통증이 나쁘기만 한 것도 아닌 것 같다.

세상에도 필요한 균형과 순환

그러고 보면 '균형과 순환'이란 몸 안에서만 일어나는 일은 아니다. 잡지사 CEO 시절, 조직 관리를 하면서도 비슷한 경험을 했다.

그때 나는 경험이 부족한 리더로서 어떻게 조직을 이끌어야 좋은 성과를 낼 수 있을까 많이 고민했다. 잡지사 조직을 간단히 소개해 보면, 책을 만드는 편집부, 광고 영업을 하는 영업부, 책을 팔고 사업 운영 관리를 책임지는 관리부, 이렇게 세 개의 부서로 나뉜다. 매체 사업의 성패를 가르는 핵심은 편집부와 광고부간 역량의 균형이다. 따라서 잡지사에서 리더의 역할은 이 양 날개의 균형을 잡고 팀워크가 깨지지 않게 조절하는 일이다. 편집부의 힘이 모자라면 편집부에, 광고부의 힘이 모자라면 광고부에 힘을 보태 주어야 한다. 이 부서 간 균형을 유지하면서 양쪽 날개를 함께 성장시킨다면 그 매체는 멋지게 비상할 수 있다.

어쩌면 사람의 몸이든, 가정이든, 기업이든, 세상 모든 곳에는 같은 원리가 작용하는지도 모르겠다. 그래서 예로부터 몸과 가정을 잘 다스리고 나서야 비로소 세상을 다스릴 수 있다는 말들을 하는 것 같다. 역시 진리는 하나임에 틀림이 없다.

더구나 몸으로 직접 체험하는 진리가 의심을 없애니 믿음이 강해진다. 진리를 찾아 따라가는 제자로서의 삶의 희열이 느껴진다! 이렇게 나이가 들고, 통증이 생기고, 군데군데 모자란 곳이 생기는 것은 겸손한 마음으로 진리를 몸소 체험하고 실천하여 지혜롭게 살 수 있는 기회를 얻는 것이기도 하다는 생각까지 든다. 나이 드는 게 일면 반가운 일이라는 생각도 든다.

"평강의 하나님께서 친히 여러분을 온전히 거룩하게 하시
고 우리 주 예수 그리스도께서 오실 때 여러분의 영과 혼과
몸을 다 흠이 없게 지켜 주시기를 빕니다." 살전 5:23

영과 혼은 물론 몸까지 흠이 없게 보존하시기를 원하신다
니. 열심히 몸에 대해 공부하고 매일의 습관에서 하나님의
성전인 몸을 잘 관리해 나가는 것도 성도의 책임일 듯하다.

몸에 관한 책으로 내가 늘 책장 가까운 곳에 두고 음미하
는 책은 고미숙 작가님의 《동의보감》과 외과의사 이창우 원
장님의 《바디바이블》이란 책이다. 두 책 모두 몸에 대한 지
식과 인문학적 가치를 잘 버무려 담은 책이기에, 신체 각 부
분의 원리와 몸을 생각하는 마음 자세를 바르게 하는 데 큰
도움이 된다.

엘리베이터 거울을 통해 보니 이마 위 빽빽하던 머리숱이
적어진 게 탈모가 시작되는 조짐이 보이는 듯하다. 공화국
리더십을 발휘할 또 한 번의 기회인가? 이번엔 수승화강(水
昇火降: '몸의 불 기운은 내리고 물 기운은 올린다'는 동양 의학)의 지혜
를 내 몸 공화국에서 테스트해 봐야겠다.

요즘 저는 아버지께 책을 읽어 드립니다

12

생명이라는 선물

신앙을 갖고 난 후 나 자신에게 느끼는 흥미로운 변화 중 하나는 자연을 사랑하게 되었다는 것이다. 2년 전 미국 샌프란시스코를 방문했을 때, 현지 사촌동생은 우리 가족을 레드우드 국립공원에 데리고 갔다. 세계에서 가장 키가 크고 장엄하다는 삼나무가 가득한 곳이었다. 국립공원에 도착하자마자 코로 느껴지는 짙은 나무의 향을 맡으니 영혼의 중심부가 마법에 걸린 듯한 묘한 느낌까지 들었다. 하늘을 찌를 듯 솟아 있는 나무의 큰 키를 바라보며 나도 모르게 "하나님! 당신이 창조한 자연이 바로 이런 거군요!" 하는 감탄이 터져 나왔다. 울창한 숲에서 하나님을 느낀 후에는 꽃에

서도 새에서도 하나님의 섭리와 생명이 느껴져 멈춰서 휴대
폰 카메라 셔터를 눌러댔다. 아침의 찬란한 태양 빛과 저녁
노을의 감상적 흥취까지, 신앙을 가진 후 내 삶은 더욱 풍성
하고 생명과의 교류를 통해 더욱 빛이 난다.

나무의 위로

우리 집에는 나무 화분이 여럿 있다. 남편 회사에서 결혼
기념일마다 화분이 하나씩 들어오기도 하고, 아이들이 매
학년 식물 기르기를 위해 학교에 가져갔다가 다시 가져온
화분들도 버릴 수가 없어 들고 키웠더니 집 곳곳에 식물이
가득하다.

큰아이가 초등학교 졸업하는 날, 학년 초에 가져갔던 화
분을 가져왔다. 쇼핑봉투에서 화분을 들어 올리는데, 주황
색 화분에 눈, 코, 입이 그려져 있다. 아마도 아이가 그려 넣
은 모양이다. 그 모습이 얼마나 선하고 익살스럽던지, 마치
아들의 모습을 보는 것 같았다. 화분이 얼굴 같고, 그 안에
심긴 식물이 머리카락 같았다. 이렇게 아이는 순간을 재미
로 만드는 천부적인 자질을 가졌다고 생각했다.

시간이 지나자 화분 안에 심긴 식물이 너무 커 버려 큰 화
분으로 옮겨 줬다. 그런데 얼굴이 그려진 화분을 차마 버릴

요즘 저는 아버지께 책을 읽어 드립니다

수 없어 크기가 맞는 다른 작은 식물을 심어 주었다. 그렇게 지금까지 서너 개의 식물이 그 화분을 거쳐 갔다. 지금은 커피나무가 아들의 화분에 자리 잡고 있다. 가끔 사춘기 아들 때문에 화가 나면 나는 뜨거운 물을 세게 틀어 놓고 분노의 설거지를 하는데, 그러다 보면 싱크대 위에 올려 둔 그 화분이 눈에 들어온다. 익살스러운 얼굴이 나를 보고 웃는다. 그럼 마술같이 이내 화가 풀리고 만다.

우리 집에서 가장 큰 나무는 2미터쯤 되는 해피트리다. 중국에서 일하다 한국에 와서 국내 미디어 기업의 CEO로 발령을 받았을 때, 다른 임원들의 냉랭한 반응에 속이 상해 남편 앞에서 내색한 적이 있다. 그런데 어느 날 아침 사무실에 들어서는데 분홍 리본이 달린 키 큰 나무가 한 그루 서 있었다. 리본에는 '승진을 축하합니다'라는 글과 남편의 이름이 새겨져 있었다. 카드도 있었는데, 거기에 이렇게 적혀 있었다.

"자랑스러운 나의 아내에게,

나는 당신이 누구보다 잘 해낼 것이라고 믿습니다. 축하합니다!"

그 자리에 주저앉아 한참을 울었다. 앞으로 힘든 순간이 와도 이 순간을 기억하며 살아가리라 생각했다. 그 후로 사무실이 바뀔 때도, 퇴사할 때도 다른 좋은 물건들은 다 직원들에게 나눠줬지만 이 나무는 집으로 모셔 왔다. 남편에게 화가 나 미울 때마다, 일부러 그 나무 앞에 선다. 그러면 화난 나에게 나무가 이야기한다.

"너무 미워하지 마세요. 다 이유가 있을 거예요. 저를 보면 그의 마음을 알잖아요."

나무에 아들의 익살과 남편의 사랑의 기억이 덧입혀져 기특하고 고마운 존재들로 다가온다.

정원사의 리더십

고전 문헌학자 배철현 교수님의 글을 보니, 크세노폰이라는 그리스 역사가가 《고레스 교육기》라는 책에서 페르시아 제국의 키루스 왕을 정원사로 묘사했다고 한다. 나무 가꾸는 것과 왕의 리더십이 무슨 관계가 있을까 궁금했다.

그런데 내가 직접 나무를 가꾸다 보니 그 이유를 알 것도 같다. 실제로 나무는 사람과 비슷하다. 사람도 물을 마실 때 조금씩 마시는 게 좋다는데, 나무에 물을 줄 때도 조금씩 천천히 줘야 물과 함께 공기가 같이 내려가 뿌리에 좋단다. 그래서 주둥이가 가늘고 긴 주전자로 화분에 물을 주는 것이 좋다. 또 잘 자라던 나무도 분갈이를 하고 나면 몸살을 한다. 아무리 좋은 흙을 넣어 주고 열심히 물을 줘도 자리가 바뀌면 몇 개월 성장을 멈추고 시들시들 힘들어 한다. 아이들을 전학시켜 보니 새로운 환경에 적응하기란 인간에게도 정말 쉽지 않다는 걸 알 수 있다. 이렇게 정원을 잘 가꾸다 보면 인간사 진리를 파악하여 훌륭한 리더가 될 수 있을 것 같다는 생각이 든다.

나무 의사로 30년간 일해 온 우종영 작가의 책《나는 나무에게 인생을 배웠다》를 보면, 나무는 우리에게 세상의 많은 진리를 이야기하고 있음을 알 수 있다. 책을 읽으며 아이들 교육 관련하여 크게 공감했던 부분이 있다. '적지적수(適地敵樹)'라는 말인데, 알맞은 땅에 알맞은 나무를 심어야 하듯이, 아이도 기질에 맞게 자리만 잘 잡아 주면 잘 자란다는 이야기다.

나무에게 있어서 적응은 가진 것을 버리는 데서 출발한다고 한다. 주어진 환경을 탓하지 않고 변화를 받아들여 자신이 처한 상황에 완전히 순응하는 것. 그것이 나무가 이 지구상에 현존하는 가장 오랜 생명체가 될 수 있던 원동력이라고 한다.

"나는 길이요, 진리요, 생명이니 나를 통하지 않고서는 아버지께로 올 사람이 없다"(요 14:6)는 말씀을 붙잡고 길을 찾고 진리를 구하기 위해 노력해 온 지난 6년의 시간 동안 나는 작가라는 길을 찾고 성경이라는 진리에 대한 믿음을 얻었으며 생명과의 교통이라는 큰 선물을 얻게 된 것 같다.

예고 없이 다다르게 된 인생의 막다른 골목, 나는 질문을 던졌고, 그 질문에 답하시며 나에 대한 사랑을 보여 주시는 하나님을 책 속에서 만났다. 진리의 말씀을 지렛대 삼아 나를 옥죄고 있던 교만과 편견의 틀을 벗어날 수 있었고 그 결과 몸도, 마음도, 관계도 회복될 수 있었다. 풍성하게 누리는 생명의 빛으로 영혼 또한 눈부시게 빛나는 듯한 순간을 경험하고 나니 이제 그 경험을 모두가 누리도록 돕고 싶다는 생각이 든다.

요즘 저는 아버지께 책을 읽어 드립니다

사랑으로 이야기하기 ⓒ 김소영

Part 2

사랑으로 이야기하기,
이야기로 사랑하기

1
요즘 저는 아버지께 책을 읽어 드립니다

비블리오테라피

이야기가 주는 치유의 힘

인도의 샤푸리 야르 왕은 아내와 남자 하인의 밀회 장면을 목격하고 질투심에 그들을 죽여 버린다. 그래도 화가 풀리지 않자, 세상 모든 여자를 상대로 복수를 결심한다. 신부를 맞이하여 결혼한 후, 결혼식 다음 날 죽이기를 반복한 것이다. 온 나라의 처녀들과 그 가족들이 공포에 떨고 있는 상황. 그때 한 신하의 딸 세헤라자데는 자진하여 왕의 신부로 들어간다. 결혼 첫날밤, 그녀는 왕에게 세상 온갖 재미있는 이야기를 들려주기 시작한다. 어느덧 아침이 되었고, 다음 이야기가 궁금했던 왕은 세헤라자데를 살려 두기로 한다.

다음날도, 또 다음날도 이야기가 계속되어 천 일 하고도 하루가 지난다. 이야기가 계속되는 동안, 샤푸리야르 왕을 지배하던 미움의 상처는 사라지고 세헤라자데를 향한 사랑이 자리 잡는다.

이 이야기는 6세기 페르시아에서 전해지는 《아라비안나이트》다. 사람을 변화시키는 이야기의 힘, 사람을 하나로 묶는 신비한 이야기의 힘에 대한 이야기다.

아이들이 어릴 적, 퇴근 후 같이 앉아 책을 읽어 주던 시간은 나와 아이들을 하나로 묶어 주는 마법과도 같은 시간이었다. 퇴근 후 지친 몸을 이끌고 현관 비밀번호를 누르기 시작하면, 문 안쪽에서 두 녀석이 후다닥 현관으로 뛰어나오는 소리가 들렸다. 문을 열면 마치 주인을 반기는 강아지처럼 아이들이 "엄마!" 하며 뛰어나왔다.

가방을 내려놓고 서둘러 옷을 갈아입는 동안, 아이들은 각자 자기들이 좋아하는 책이랑 장난감을 꺼내 내 앞에 가져다 놓았다. 장난감을 가지고 놀다가, 잘 시간이 되면 책을 집어 들었다. 그러면 나는 아이들이 골라 온 책을 온갖 과장된 목소리에 몸짓까지 동원해서 읽어 주곤 했다. 그러면 아이들은 까르륵 넘어가며 재미있어하다가 "또!"를 외쳤고, 어떤 날은 같은 책을 열 번쯤 반복해서 읽은 적도 있다. 목도 아프고 몸은 힘들었지만, 아무것에도 방해받지 않고 아이들과 같이하는 시간이 천국 같았다.

지나 보니 그 시간은 아이들을 위한 시간이기도 했지만, 무엇보다도 나를 치유해 준 시간이었다. 내 무릎 위에 앉아 책 이야기를 듣던 아이의 보드라운 피부의 감촉, 샤워를 마친 직후 나던 머리와 살결에서 나던 냄새, 그리고 숨을 쉴 때마다 아이에게서 전해지던 온기는 내 영혼을 따뜻함으로 가득 채웠다. 십수 년이 지났는데도 여전히 그날의 기억은 생생해서 지금까지도 나를 풍요롭게 해 준다.

비블리오테라피

퇴사 후 3년동안 나는 성경과 책을 통해 이전과는 비교할 수 없을 정도로 많이 행복해졌다. 많이 읽으니 글도 쓰게 되었다. 아직 모자란 점이 많지만 50이 넘은 나이에 새로운 걸 시작한다는 사실만으로 가슴이 뛴다. 마치 젊은 시절로 다시 돌아간 느낌이다. 그래서 주변에, 특히 내 사랑하는 가족에게 책을 권한다.

그런데 책을 통해 행복해진 이유를 설명하기가 어렵다. 드물게라도 책을 읽어 온 사람들은 내 이야기에 공감해 주지만, 전혀 책을 읽지 않았던 사람들에게는 장벽이 너무나도 높다. 나 또한 그 마음을 충분히 이해한다. 고백하건대 학창 시절 나는 책을 읽는 사람이 아니었다. 내가 책을 읽기 시작한 건, 결혼 후부터였다. 내 독서는 순전히 실리적인 목적으로 시작되었다. 처음에는 아이를 잘 키우기 위한 육아 서적, 재테크를 위한 부동산 관련 책, 그리고 직장생활에 필요한 리더십 책 등을 읽었다. 그때만 해도 지식을 얻기 위한 책 읽기가 즐거움은 아니었다.

어떻게 하면 책 읽는 즐거움을 설명할 수 있을까? 얼마 전부터 '행복해지는 책 읽기, 돈 되는 책 읽기'라는 주제에 관심을 갖던 중에, 우연히 《우리의 고통을 이해하는 책들》이란 제목의 책을 발견했다. '프랑스의 창조적 독서 치료'라는 부제가 붙어 있는 이 책에는 책 읽기를 통해 사람들의 마음을 치유하는 비블리오(독서)테라피의 효과가 설명되어 있었다.

책은 우리의 고통을 이해하고 치유하여 마음을 안정시켜 준다. 정신적, 육체적 고통을 겪고 있거나 장애가 있을 때, 무기력해지고 힘든 노년기를 겪을 때, 책은 우리 자신의 내면을 들여다보게 하고 인생의 의미를 새롭게 재해석할 수 있도록 이끌어 준다. 내면을 통찰하고 자신감을 회복하

는 것, 독서는 분명 우리에게 새로운 의욕을 불어넣는 힘
을 가졌다.[1]

아버지가 떠올랐다. 몸을 움직이지 못하고 누워 계신 지
오래다. 그럼에도 아버지는 당신의 살아 있음과 존재 이유
를 잃지 않기 위해 신문 읽기를 하루도 거르지 않으신다. 아
버지께 책을 읽어 드려야겠다는 생각이 들었다.

책을 고르기 위해 책장 앞에 섰다. 이야기를 통해 왕의 마
음을 치유했다는 세헤라자데를 떠올리며, 첫 책은 류시화의
인도 우화집 《신이 쉼표를 넣은 곳에 마침표를 찍지 말라》를
골랐다. 짧은 호흡의 쉽고 재미있는 이야기라 첫 시작으로
좋을 것 같았다.

"아버지, 제가 책을 많이 읽고 행복해졌는데, 아버지도
행복하게 해 드리고 싶어서요."

이해하기 어려운 딸의 설명에 아버지는 어리둥절하시며
그러라고 하셨다. 막상 책을 읽어 드리자 아버지는 좋아하
셨다. 짧은 이야기마다 결말을 예측하려고 노력하셨고, 의
외의 결말에 "오호, 그건 생각도 못 한 결말인데!" 하며 재미
있어하셨다. 한 시간 남짓 책을 읽어 드리고 웃으며 이야기

---

1) 레진 드탕벨, 《우리의 고통을 이해하는 책들》, (펄북스, 2017)

요즘 저는 아버지께 책을 읽어 드립니다

하다가 다음엔 어떤 책을 읽고 싶으신지 물었다.

"나는 《삼국지》나 《손자병법》을 읽어 보고 싶어."

신기하다! 나도 늘 읽어 보고 싶어 책장에 모셔 뒀던 책이었다. 아버지랑 나랑 취향이 같다는 사실이 반가웠다. 그러고 보면 아버지는 신문이나 스포츠 중계를 보실 때도 기업 전략, 경기 전술 따위에 늘 관심이 많으셨다. 그래서 내가 경영 전략을 공부하고 기업에서도 전략 일을 맡아 했던 걸까?

이 시간이 내게는 추억이 될 테니

다음 주 일요일 아침, 《삼국지》, 《손자병법》 그리고 혹시나 어려운 상황 속 아버지에게 용기가 될까 하는 마음으로 《로빈슨 크루소》를 가방에 넣어 친정으로 향했다. 한 권 한 권 책 표지들을 보신 아버지는 당신이 읽겠다고 하신 책들을 두고 《로빈슨 크루소》를 고르셨다. 무인도에 표류한 절망적인 상황에서도 희망을 놓지 않고 마침내 그곳에서 탈출한 주인공에게 인내와 용기를 얻고 싶으셨는지도 모르겠다.

책을 읽으면서 아버지와 나는 정말 많은 대화를 나눴다. 주인공 아버지가 아들의 모험을 만류하는 대목에서는 아버지의 젊은 시절 이야기를 들었다. 책에서 성경의 '돌아온 탕자' 이야기가 나오기에 그때는 관련된 성경 이야기를 자세히 이야기해 드렸다. 다윗 이야기도 나왔다. 내가 물었다.

"아버지, 유럽에 가셨을 때 다비드 상 보신 적 있으시죠?"

아버지가 기억이 안 난다고 하시자, 옆에서 듣고 있던 엄마가 예전 여행 사진첩을 갖고 와 아버지께 보여 드렸다. 사진첩 속 50대 초반의 아버지는 훤칠한 키에 멋지게 옷을 차려입고 계셨다. 당시 기업간 가격 경쟁이 심해져 먹고살기 어려워지자 수출 거리가 있을까 하는 마음으로 난생 처음 유럽 박람회에 다녀오셨다고 했다.

아버지는 30년 전 자신의 모습에서 눈을 떼지 못하셨다. 보고 또 보셨다. 오랫동안 움직이지 않는 육체 안에 갇혀 타인에 의지해 살아야만 했던 매일, 소외감과 미안함으로 사느라 잊고 있었던 자신의 모습이었다. 178센티미터의 잘생긴 배구선수 출신, 명철한 두뇌의 소유자로 중소기업을 운영하며 '수출탑'까지 수상했던 기업인, 그 빛나던 모습을 길게 응시하셨다. 무기력하던 아버지의 눈빛에 새로운 에너지가 생겨나는 것을 지켜보면서, 나는 사진첩을 들고 있는 팔이 저려 오는 것도 잊은 채 "아버지 진짜 멋있으셨네!"를 반복해서 외쳤다. 그날 나는 책을 읽으며 아버지와 함께 1990년의 유럽으로 시간 여행을 한 느낌이 들었다. 아버지는 힘들었지만 그래도 친구와 동료들, 그리고 사랑하는 가족 앞에 당당한 가장이던 지난 시절을 돌아보실 수 있었다.

헬렌 켈러(Helen Keller)의 《사흘만 볼 수 있다면》이라는 책 제목이 떠올라 아버지께 물었다.

"아버지, 헬렌 켈러는 '사흘만 볼 수 있다면'이라는 제목으로 에세이를 썼대요. 아버지도 한번 써 보세요. 만약 아버지가 3일만 걸을 수 있다면, 그 뒤를 뭐라고 쓰시겠어요?"

"3일간 걸을 수 있다면, 나는 걸을 거야. 그 3일을 단 한 순간도 멈추지 않고."

얼마나 다시 걷고 싶으신지 간절한 마음을 알 수 있었다. 아버지의 짧은 한마디가 그 자체로 시가 되었다.

엄마가 집으로 돌아가는 내 등을 쓸어 주며 말씀하신다.

"힘들겠다. 너무 애쓰지 마. 그래도 네가 이렇게 해 주는 마음이 고맙다."

애쓰는 게 아니다. 예전 아이들과의 책 읽기가 내 영혼을 따뜻하게 어루만졌듯, 아버지와의 이야기를 나눈 이 시간의 추억이 내 평생에 얼마나 큰 선물이 될지 알기에 책을 읽는 시간이 오히려 내게는 설렘 가득한 기쁜 순간이었다. 기쁨이니 멈추지 않을 거다.

2

낭독의 유익

로빈슨 크루소

언제나 주는 사람이 더 많이 받는다

아버지께 책을 읽어 드리겠다 결심하고 2-3주 정도 주말마다 친정에 들러 《로빈슨 크루소》를 읽었다. 아버지도 좋아하시고, 나도 기쁜 마음으로 읽어 드렸다. 그런데 시간이 지나면서 어려움이 생겼다. 아버지는 귀가 안 좋으셔서 책을 거의 소리치듯 읽어야 했는데, 그러려면 힘이 많이 드는 데다가, 읽는 내가 내용에 집중하기 어려웠다. 또 일주일에 한 번씩 직접 가서 책을 읽어 드리려니 흐름이 끊어져 내용 연결이 잘 안되었다.

설상가상으로 3주째 되는 토요일 아침 엄마에게 오랜만

에 친구분을 만나 함께 식사를 하셨는데 그곳에서 코로나 확진자가 나왔으니 오지 말라는 전화를 받았다. 난감했다. 이렇게 끝낼 수 없는데, 그렇다고 뚜렷한 대안도 없었다. 고민을 거듭하다가 문득 얼마 전 글을 쓰기 위해 핸드폰 녹음 기능을 확인하던 게 생각났다.

'그래! 녹음을 해서 파일로 보내 드리자!'

녹음 파일은 들으면서 볼륨을 조절할 수 있으니 소리를 지르지 않아도 되고, 매일 조금씩 들을 수 있으니 흐름이 끊어지는 일도 없을 듯했다. 나는 그 자리에서 30분 정도 책을 녹음해 보내 드렸다. 엄마도 함께 들으셨는지, "딸의 사랑이 담긴 낭독이라 더 듣기 좋더라"라고 말씀해 주셨다. 그러면서도 너무 무리하지 말라는 당부의 말씀도 잊지 않으셨다.

엄마가 모르는 것이 있다! 낭독을 해 보니 느껴지는 유익이 한두 가지가 아니었다.

첫째, 책 내용이 더 정확히 마음속에 콕콕 박힌다. 소리를 내려면 글자 하나하나를 놓치지 않고 읽어야 하는데, 그 과정에서 내용이 빠지지 않고 눈과 머리에 정확하게 들어온다. 눈으로만 읽는 것이 씨를 땅에 흩뿌리는 것 같다면, 낭독하는 것은 모 한 포기 한 포기를 뿌리까지 단단히 박히게 심는 것 같았다. 그래서 그런지 실제로 낭독하기 전 눈으로 읽었던 내용은 머리에 반도 남지 않았는데, 낭독했던 부분은 아주 많은 내용이 매우 정확하게 남는다.

둘째, 몸의 상태가 좋아진다. 눈으로 글자를 보고 그걸 소리로 내려면, 눈, 뇌, 코, 목, 가슴, 그리고 허리까지 여러 몸의 기관들이 각각의 역할을 하며 서로 반응해야 한다. 그 과정에서 몸 전체가 알맞게 긴장하고, 영민해지며, 기관들마다 효율적으로 협동하고 반응함이 느껴진다.

셋째, 다이어트에 좋다. 30분쯤 낭독하고 나면 소화가 되고 배가 고프다. 그만큼 적지 않은 에너지를 소비한다는 것이다.

넷째, 청취자에 대한 책임감이 책을 끝까지 읽어 내게 만든다. 어쩌다 몸이 안 좋아 하루를 거르고 나면 아버지가 파일 안 왔느냐고 물으신다니 게을러질 수가 없다. 혼자서는 늘 3분의 2쯤 읽다가 다른 책의 유혹에 넘어가 접어 놓았던 책을 표지부터 마지막 장까지 읽어 낼 수 있다.

다섯째, 낭독하면서 아버지나 엄마가, 혹은 다른 가족들이 듣게 될 걸 상상하면 마음이 따뜻해진다. 파일로 보관하다 혹시라도 독서할 시간이 없거나 독서가 익숙하지 않은 사람들에게 보내 주어도 좋을 것 같다.

여섯째, 김칫국 마시는 일일 수 있지만, 전문 낭독자의 길

요즘 저는 아버지께 책을 읽어 드립니다

이 열릴 수도 있겠다. 매일 읽다 보니 낭독 기술이 날로 는다. 생소한 외국인 이름을 발음한다거나 텍스트를 미리 보며 목소리에 감정을 싣는 것도 익숙해진다. 다양한 소리를 내며 여러 캐릭터의 목소리도 만드는 등 꽤 들을 만한 오디오북을 만들어 간다. 오디오북 시장이 늘어난다는데 언젠가는 나도 전문 낭독자가 될지도 모르겠다.

한 달에 한 권씩만 낭독해도, 일 년이면 열두 권이다. 시간이 갈수록 문장을 읽는 능력, 몸의 기관 사이의 반응하는 협응력이 좋아질 것이고, 책 속의 지혜가 내 머릿속으로 들어올 것이며, 그 과정에서 내 마음도 치유되고 용기를 얻을 것을 생각하니 에너지가 샘솟는다. 매일 30분 투자로 이 정도 수확이면 해 볼 만하지 않은가!

이 밖에도 일일이 다 나열할 수 없을 정도로 낭독의 유익은 크다. 더군다나 사랑하는 사람의 영혼을 채울 수 있는 낭독이라니 더더욱 그러하다.

기도가 되었던 매일의 낭독

낭독하며 읽었던 《로빈슨 크루소》는 그 어느 때보다 내게 의미 있게 다가왔다.

로빈슨 크루소는 전 세계 남녀노소에게 잘 알려진 모험

기이다. 무인도에 표류한 로빈슨 크루소가 집을 짓고, 음식을 담을 그릇을 만들고, 나무를 깎아 배를 만들어 가는 과정을 통해, 우리는 문명이 생겨나기 전 존재했을 법한 인류의 모습을 상상하게 된다. 당연시하는 문명의 혜택을 감사하게 됨과 동시에, 문명 탓에 무능력하고 무기력해진 나를 느끼게 된다. 그리고 잠깐이라도 문명의 옷을 벗고 내 안에 꿈틀대는 창조자이며 혁신가로서의 능력을 발휘해 보고픈 욕망을 느낀다.

고난은 로빈슨 크루소의 모든 것을 빼앗았다. 그는 자신의 인생을 송두리째 흔든 운명 앞에 아무것도 할 수 없음을 느꼈고, 난생 처음 맞닥뜨린 야생의 환경에서 공포와 외로움을 느꼈다. 그러나 자신의 목숨을 건진 신의 뜻을 구하며, 유일하게 벗이 된 성경을 붙잡고, 오히려 모든 것을 잃어버린 상황에서 신에 대한 감사를 찾았다. 그 겸허한 감사의 마음이 원동력이 되어 그를 일으켰고, 무기력하고 만족할 줄 모르는 패기 없는 청년이었던 그는 용기 있는 개척자로 바뀌어 갔다. 훗날, 우연히 만나게 된 원주민들과 포로들 앞에서, 그는 믿을 수 없을 만큼 강인하고 지혜로운 리더의 모습을 갖춘 자신을 발견했다.

로빈슨이 겪었던 감정의 변화를 따라가며, 고난의 침상에

요즘 저는 아버지께 책을 읽어 드립니다

서 삶을 인내하고 계신 아버지, 간병으로 지친 엄마가 어떤 형태로든 용기를 얻으시기를 기도했다. 아울러 내가 있는 곳에 대한 감사가 생겨났으며, 영혼 저 깊은 곳으로부터 일어나 새로운 일들을 시도하라는 낮은 북소리가 들려옴을 느꼈다. 역시나 처음에 예상했던 것처럼, 아버지를 위해 시작한 낭독은 나에게 훨씬 더 많은 선물을 안겨 주었다. 매일매일 아버지와 엄마를 생각하며 낭독하는 시간은 부모님의 평강과 회복을 비는 기도의 시간이자 내 존재의 뿌리에 물을 주는 시간이 되었다.

독후감을 묻는 내게 아버지는 첫째, 우리 딸이 아나운서 해도 되겠다는 걸 느꼈고, 둘째, 무인도에 온천만 나온다면 리조트를 만들어도 되겠다고 생각하셨단다. 그 오랜 세월 침상에 누워 계시면서도 특유의 유머 감각은 여전하시다.

두 번째 책으로는 《손자병법》을 읽고 싶으시다는 아버지를 위해, 서양의 손자병법이라고도 일컬어지는 키루스 대제의 《역전의 병법》을 골랐다. 이 책을 낭독하는 동안 또 어떤 축복이 나를 기다리고 있을지 기대가 된다.

3
하나님과 함께하는 시간

노인과 바다

이야기를 나누고 받은 위로

낭독 세 번째 책은 낚시를 좋아하셨던 아버지를 위해 헤밍웨이(Ernest Hemingway)의 《노인과 바다》를 골랐다. 아이들에게 유명한 책이니 읽어 보라고 잔소리는 많이 했지만, 정작 나는 앞부분만 읽다가 접어 둔 책이었다. 1장을 낭독하는데, 나이 든 어부와 사랑하는 소년의 대화가 너무나 정감 있어 읽는 내내 마음이 푸근해졌다. 아니나 다를까, 파일을 보내 드렸더니 엄마에게 메시지가 왔다.

"오늘 보낸 준 노인과 바다는 너무나 정감이 있으며 귀에 쏙쏙 들어오는 게 딸의 사랑이 느껴지네요. 우리만 듣기 송

구합니다."

사실 부모님께 파일을 보내 드리며 책 읽기가 쉽지 않은 다른 사람들과도 나누면 좋겠다 생각하고 있었는데, 내친김에 여든 중반이신 고모님께 메시지를 드렸다.

"고모님, 어지러운 세상 속 평안하신지요? 얼마 전부터 아버지를 위해 책을 낭독해 드리고 있습니다. 코로나 시대에 사랑을 전할 수 있는 방법이라 느껴져서요. 낚시를 좋아하시던 아버지를 위해 《노인과 바다》를 골랐는데 고모님께도 보내 드립니다. 심심하실 때 인사 대신으로 들어 주세요."

저녁 무렵, 고모님께 답장이 왔다.

"한동안 소식이 없어서 궁금했는데, 드디어 일을 벌였군요. 꽤 의미 있는 일이 되겠어요. 생각해 보니, 두 아들이 어려서부터 엄마의 트레이너였군요. 오늘을 준비하도록 하신 하나님의 배려였던 것 같습니다. 내가 조카님 또래였을 때, 친구가 신장염 치료 중 고열로 시력을 잃었어요. 너무 가여워서 좋은 책을 읽어서 들려주고 싶었는데, 방법을 잘 몰라서 실천을 못 했어요. 가지고 있는 능력을 남을 위해 나눈다는 것, 사랑의 실천이고 보람입니다. 축하하고 격려합니다."

별것 아닌 일의 의미를 높게 평가해 주시니 힘이 났다. 늘어난 독자를 위해 더욱 정성을 들여 실감 나게 낭독해 보리라 마음먹었다.

파일을 보내 드린 두 번째 날, 고모님으로부터 도착한 메시지는 내 가슴을 뛰게 했다.

"자네가 팔십 중반 이 할머니를 그 옛날 대학교 1학년 영어 강의실로 데려가서 헤밍웨이를 듣게 해 주었어요. 그때 그 노교수는 고기 잡는 할아버지와 어린 소년의 사랑과 협조를 통해 꾸준히 투쟁해 오면서 오늘과 같은 미국을 만들어 온 미국인들의 협동정신을 강의하셨지요. 꾸준한 노력이 자네를 키워 주리라 믿어요. 힘내요! 개미 한 마리가 자기 몸만큼 큰 짐을 물고 열심히 옮겨 가고 있네요."

고모님은 팔십 중반이라는 나이가 무색하게, 놀랄 만한 상상력과 기억력 그리고 명철함과 감성으로 나를 위로해 주셨다. 누워 계신 아버지와 지친 엄마의 영혼을 위로하는 데 조금이나마 도움이 되지 않을까 하는 생각으로, 좁은 문을 통과해 들어가려고 낑낑대고 있는 조카를 몸만큼 큰 짐을 물고 가는 개미에 비유하시며 응원과 격려를 해 주셨다. 뭉클했다.

네 번째 파일을 보낸 날도 감상문이 올라왔다.

"수고했어요. 아버지도 상상 속에서 노인과 함께 배를 타고 낚싯줄에 매달려 투쟁하고 있을 겁니다."

고모님은 내가 아침마다 책을 펴는 이유를 정확히 이해해 주셨다. 아버지가 상상 속에서라도 그 좋아하는 바다에 배를 띄워 놓고 노인이 고기를 잡아 올릴 때 자신의 젊은 시절을 회상하며 힘을 얻기를, 노인이 작살을 들어 상어의 정수리에 내리꽂을 때 지쳐 모든 걸 포기하고 싶은 마음을 내려칠 수 있기를, 바라고 또 바라며 이 책을 낭독했다.

하나님이 함께하시는 시간

낭독 여섯 번째 날, 노인이 고기와 투쟁을 벌이며 기도하는 장면이 등장했다. 그날 고모님이 메시지를 보내 주셨다.

"주의 기도와 성모송을 백 번 암송할 테니 우선 도와 달라고 신에게 매달릴 정도로 지쳐 있으면서도 포기할 줄 모르는 노인의 투지와 끈기가 참 대단하군요."

"고모님, 참 신기합니다. 책을 고를 때 아버지가 좋아하실 만한 걸로 생각해서 고르는데, 거기에 하나님이 딱 앉아 계세요. 《로빈슨 크루소》도 그랬고, 이번에도 어부인 노인이 계속 하나님과 대화를 합니다."

"하나님이 알고 계시니 믿어도 좋을 겁니다. 태양이 보이지 않는 곳에서도 태양이 있음을 믿듯이, 침묵하고 계신 하나님은 노인의 배에도, 무인도에도, 조카님이 책을 고르는 순간에도 어디에든지 계시니까요. 비록 지금은 침묵하시지만 역사가 흐른 뒤에 그 섭리 중에서 알 수 있을 겁니다."

깊은 영성과 사랑의 마음으로 들려주시는 고모님의 말씀은 마치 하나님이 아버지와 내게 전하는 위로의 메시지 같았다.

마지막 날, 아홉 번째 파일을 보낸 후였다. 이번에도 고모님의 감상평이 날아왔다.

"언덕 위 오두막집에서 산티아고 할아버지를 발견하고 눈물 흘리는 소년을 생각하면 왜 이리 목이 멜까요. 끝까지 곁을 지키며 운이 없으면 자기 운을 가지고 가서 앞으로는 꼭 함께 지켜 돕겠다는 소년의 다짐을 들으며 깊은 인간애와 사랑에 위로를 느낍니다. 어부가 아니라도 우리 모두는 바다와 같은 세상을 헤쳐서 여기까지 왔습니다. 요 며칠, 고통이라기보다는 연민과 애착을 느낍니다."

그 대상이 누구든, 거장의 좋은 작품은 우리를 깊은 영혼의 심연으로 데려가는 듯하다. 심연 속 영혼 간의 대화는 깊이가 다른 감동을 준다. 아마도 책의 치유 효과는 이러한 것들이 아닐까?

문학소녀셨던 고모님과 함께한 낭독과 대화를 통해 너무나도 값진 선물을 많이 받았다. 감사한 일이다. 30년쯤 지난 어느 날, 나도 조카와 이런 대화를 나눌 수 있지 않을까 하는 기분 좋은 상상을 해 본다.

내 아들들에게 들려줄 이야기를 만들기 위해

《노인과 바다》는 과정보다는 결과에, 정신적인 것보다는 물질적인 것에 무게를 두는 요즘의 잣대로 보면 다소 허무하게 느껴지는 결말이다. 그러나 "사람은 파멸당할 수는 있지만 패배하지는 않는다"라는 노인의 말, 자연이라는 거대한 힘에 대한 경외심을 가지면서도 그 안에서 맞닥뜨린 시련 앞에 강인하고 끈질기게 버텨 낸 노인의 강한 정신력을 떠올려 보면 작가의 의도가 고스란히 전해진다. 아마도 노인은 사랑하는 소년을 향해 매 순간의 이야기를 들려줬을 것이다. 안타까운 마음으로 노인의 손바닥 상처를 싸매며 들었던 그 이야기는 소년의 마음속에 스며들었다가 언젠가 소년 자신이 시련 앞에 섰을 때, 인내하고 버텨 나갈 힘과 지혜를 주었을 것이다.

10년쯤 전, 한 프랑스 사업가를 만났던 일이 기억난다. 서울에 와서 명예시민 자격까지 얻은 그는, 정동길 오래된 문화재 건물 한 층을 현대식으로 개조하여 세계 어디서도 보기 드문 멋진 사무실을 만들어 냈다. 내가 "당신은 무얼 위해 이런 일을 합니까?"라고 묻자 그는 "내 아들들에게 들려줄 이야기를 만들기 위해서요"라고 짧게 답했다. 멋있는 말이라고 생각했지만, 그건 그저 오래된 것을 좋아하는 유럽인의 취향일 것이라 생각했을 뿐, 깊은 뜻을 이해할 수는 없었다.

그러나 《노인과 바다》를 읽으며, 고모님과 대화를 나누며 그 말이 새삼 떠오른다. 지금 내가 이렇게 낭독에 열심인 것은 부모님에게, 나아가 내 아들들에게 들려줄 이야기를 만들기 위해서다. 이야기에는 힘이 있다. 특히 앞선 세대들이 인생이란 바다를 헤쳐 가며 인내하며 살아남은 이야기, 그 이야기 속 살아 있는 정신은 다음 세대의 등불이 되어 줄 것이다. 내 삶의 바닷속 항해 이야기를 다음 세대에 남기는 것, 어쩌면 그것이 우리에게 주어진 소명이 아닐까. 아마도 헤밍웨이는 노인의 끈질긴 투쟁을 통해 우리에게 그것을 말하려고 한 것이 아닐까 생각한다.

엄마의 낭독 이야기를 들어 왔던 아들이 어느 날 너스레를 떤다.

"엄마, 친구가 래퍼 경연 대회에 출전한대. 나도 랩 가사를 써 봐야겠어. 우리 가족 모두 문학적 감성이 있는데, 나도 할 수 있지 않겠어?"

요즘 저는 아버지께 책을 읽어 드립니다

4
시가 되는 삶

시가 나에게 살라고 한다&시가 사랑을 데리고 온다

누구나 지칠 때가 오듯

집 근처 단골 정육점의 젊은 사장님은 내가 잘 차려입은 모습을 볼 때마다 "친정 다녀오세요?" 하고 묻는다. 친정 갈 때 내 차림새가 다른 날에 비해 멀쩡했던가 보다. 실제로 친정 갈 때는 겉모습에 신경을 쓴다. 입성이 후줄근하면 엄마는 당장 옷장을 열어 고운 색 옷을 꺼내 입혀 보시고, 낯빛이 피곤해 보이면 홈쇼핑서 산 마스크팩을 잔뜩 싸 주신다.

아이를 키워 보니 엄마의 그 마음이 이해가 간다. 내가 조금 힘들어도 아이가 멀쩡하면 그걸로 힘이 나는데, 내가 아무리 편해도 아이의 낯빛에 그림자가 드리우면 마음이 무겁게 내려앉는다. 그걸 알기에, 나이가 80에 가까운 노인이 안간힘을 내어 힘들게 남편을 간병하고 있는데, 더 이상 마음의 무게를 지게 하고 싶지 않기에, 친정에 갈 때는 피부도 옷차림도 신경 쓰는 것이다.

좋아하는 나태주 시인의 "너를 두고"라는 시가 있다. 사랑하는 사람 앞에 가장 좋은 모습을 보이고 싶다는 내용의 그 시는 엄마를 향한 내 마음을 대신 표현해 준다.

긴 책을 낭독하다 보니 다소 지루하게도 느껴지던 차에 시집을 낭독해 드리면 어떨까 하는 생각이 들었다. 서점 시집 코너를 돌아보니 나태주 시인의 《시가 나에게 살라고 한다》와 《시가 사랑을 데리고 온다》라는 시집 두 권이 눈에 들어왔다. 낭독을 할 때 매일 제목을 외치며 시작하는데 '살라고 한다'와 '사랑을 데리고 온다'는 제목이 부모님께 힘을 드릴 수 있을 듯했다. 이 시집은 나태주 시인이 좋아하는 해외와 국내 시들을 모아 놓은 시집으로, 수록 된 시들이 모두 아름다웠다.

매일 두세 편의 시를 낭독하여 보내 드렸다. 시를 낭독하는 만큼 천천히 읽어 내려갔다. 남편에게 들려주니 작품간 시간의 여백을 좀 더 주어 듣는 사람이 시 한 편 한 편의 여운을 음미할 수 있도록 하는 것이 좋지 않겠냐고 했다. 그동안은 긴 글을 읽는 바람에 많은 내용을 30분 남짓한 시간 안에 담으려고 빠른 속도로 읽어 내려갔는데 시를 낭독할 때엔 그럴 필요가 없으니 다음날부터는 여유를 가지고 작품 사이 간격을 많이 띄워 읽었다. 낭독에 있어서 여백 또한 완성도를 높이는 데 중요한 요소가 됨을 깨달았다. 여백을 살려 시를 읽으니 영혼이 충만해짐을 느낀다. 엄마에게도 위안이 되기를 바라는 마음을 담았다.

그런데 정작 친정집에 들어서니 부엌에 서 있는 엄마의 심사가 편치 않아 보였다. 새벽까지 아버지 대변 수발을 드느라 거의 잠을 못 주무셨다고 했다.

"이 노릇은 언제쯤 끝나니?"

엄마는 한숨을 쉬셨다. 어쭙잖게 하나님께 계획이 있으시지 않을까 하는 말을 꺼내는 내게 엄마의 한탄이 터져 나왔다.

"하나님이 있기는 하니? 그럼 나한테 왜 이 고생을 하게 하니!"

그 마음이 이해되었다. 얼마나 힘들고 지칠까. 사고 직후 의사는 아버지 상태에 대해서 휠체어는 혼자 힘으로 탈 수 있을 거라고 했다. 엄마는 어떻게든 아버지를 일으켜 보리라는 희망에 가진 모두를 쏟아부었다. 그러나 아버지는 재활 과정 단계마다 오게 마련인 고통과의 싸움에서 늘 뒤로 물러나셨다. 아파도 운동을 지속해야 신경도 근육도 발달할 텐데, 아버지는 하루 이틀 운동하다 근육통이 생기면 이내 항복하고, 조금이라도 상태가 안 좋아지면 모든 걸 중단하고 아무것도 하지 않으셨다. 결국 엄마의 노력에도 아버지는 재활에 실패하셨다. 오히려 꼼꼼하고 깐깐한 성격으로 요구하는 것만 늘어 갔다. 엄마는 급하고 선이 굵은 성격이다 보니 아버지와 사사건건 부딪치기 일쑤였다.

재활을 포기한 상태에서 아버지 같은 1급 장애인을 돌보는 삶은 흡사 제대 기한이 없는 일병의 군대 생활이나 마찬가지다. 지루하고 나아지지 않는 그 삶에 엄마는 지칠 대로 지쳐 가셨다. 워낙 강한 사람이라 이 정도를 버텨 온 거다. 그런데도 아버지는 엄마가 힘들다 하소연이라도 할라치면 "당신보다 더한 사람들도 얼마든지 많다"는 등 밉상스러운 말씀을 하신다. 그러고 나면 아버지의 침상은 전쟁터가 된다. 싸움에 승자는 없다. 상황에 대한 황망한 마음과 서로에 대한 연민이 날카로운 무기가 되어 각자의 마음에 생채기만 남긴다.

요즘 저는 아버지께 책을 읽어 드립니다

헌신의 삶이 시가 되어

"저렇게 살아서 뭐 하나? 괜스레 오래 살아 자식 고생시키지 말고 빨리 데려가라고 그래라!"

엄마는 마음과 다른 이야기를 하신다. 그 안의 진심은 아버지 상태가 안 좋을 때 알 수 있다. 행여나 아버지 호흡이 안 좋아지거나 힘이 떨어지시면 엄마는 걱정이 이만저만 아니다. 진짜 아버지가 돌아가시길 바라는 사람이면 그럴 리가 없다.

"그동안 간병한 이야기를 책으로 써 보면 어때요? 유병장수 시대에 많은 사람이 간병하는 삶을 살아야 할 텐데, 엄마가 먼저 겪은 이야기가 사람들한테 용기가 되고 도움이 될 거 같아요."

"나 같은 할머니 이야기를 누가 들어 주니? 나한테 뭘 더 시키지 말아라. 하도 시달려서 난 오래 살지도 못할 거다. 네 아버지 묻어 주고 빨리 가련다. 하루에도 열두 번 마음이 바뀌어. 무슨 할 일 있는 사람이라고 빨리 안 데려가나 싶다가도 또 누워 있는 사람 마음은 어떨까 싶기도 하구."

"그렇게 시를 써 보는 거야! 내가 받아 적을게요. 제목은 하루에도 열두 번 마음이 바뀐다!"

내가 종이와 연필을 가져다가 받아 적을 태세로 운을 떼

자, 방금 전까지 화가 나 미간에 주름을 잡고 있던 엄마가
피식 웃으며 못 이기는 척 시구를 한 구절씩 불러 준다.

하루에도 열두 번 마음이 바뀐다

- 모연금

하루에도 열두 번 마음이 바뀐다.

지난밤에도 두 시, 네 시
두 번이나 일어나 똥 잔치를 벌였다.
술 취한 것처럼 정신이 나질 않고
손가락은 고부라져 펴지지가 않는다.

차라리 그때 가지.
그랬으면 지금 그리워라도 할 텐데….

도대체 언제까지 이러고 살아야 하나.

이러다 벌 받지.
누워 있는 그 마음은 오죽하려고….

요즘 저는 아버지께 책을 읽어 드립니다

먹고 싶다던 고추장찌개나
고기 숭덩숭덩 썰어 넣고 해 줘야겠다.

그렇게 엄마의 삶 속 한숨은 한 편의 시가 되었다. 시구들
이 하나하나 엄마의 영혼을 도닥이며 불같이 타오르던 화를
누그러뜨렸다. 어쩌면 엄마가 삿대질하던 그 하늘에서 "네
마음 다 안다. 너니까 이만큼 한다. 내가 너를 사랑한다. 언
젠가는 너도 내 마음을 알게 되는 날이 올 거다" 하는 소리
가 들렸는지도 모르겠다.

5

세대를 아우르는 감동

신이 쉼표를 넣은 곳에 마침표를 찍지 마라

전쟁을 겪은 세대

꽃향기가 가득한 5월, 낭독을 시작하고 두 달 동안 세 권의 책을 읽었다. 청취자도 늘었다. 그만큼 단어 하나하나를 실감 나게 발음하고 실수를 줄이는 데 심혈을 기울였다. 처음엔 낭독하며 틀리는 부분이 있어도 2-30분 분량을 그대로 한 번에 녹음해서 보내 드렸는데, 휴대폰 녹음 기능을 잘 살펴보니 틀리면 돌아가 다시 녹음할 수 있다는 것을 발견했다. 그 대신 앞부분의 낭독 톤과 소리를 그대로 유지하여 듣는 사람의 맥이 끊어지지 않게 신경을 썼다. 녹음할 때 바로 제목을 읽는 것보다, 아버지를 위한 낭독 프로젝트의 이름을 정하고 싶었다. 그래서 붙인 제목이 '사랑으로 이야기하기, 이야기로 사랑하기'다. 아버지를 사랑하는 마음으로 책을 읽기 시작한 것이고, 이야기를 통해 사랑을 전하는 것이니, 썩 잘 어울리는 제목이다. 덕분에 매일 아침 최소 두 번은 부모님께 사랑을 원 없이 외치게 되었다.

신경 쓸 것이 또 있었다. 어떤 책을 읽을까 하는 것이었다. 낭독하는 책의 반 이상을 넘어서면 늘 같은 고민에 빠진다. 《노인과 바다》를 인상 깊게 들으신 고모님이 같은 작가의 《무기여 잘있거라》를 추천해 주셨다. 그러나 소설 전체 분량이 길기도 하고, 등장인물이 많아 내가 혼자서 낭독하기는 무리가 있었다. 고민하던 때, 마침 고모님으로부터 다시 메시지가 왔다.

"예전 읽었던 추억이 있어 《무기여 잘있거라》를 제안했는데 낭독의 취지에 맞지 않는 작품인 듯해요. 제안을 취소할게요. 사춘기 때 전쟁을 겪은 세대다 보니, 중간까지밖에 읽지 못해 뒷 내용이 궁금했어요."

사춘기 때 전쟁을 겪은 세대! 언젠가 아버지가 6.25 전쟁 무렵, 집에 땔감이 없어 큰아들인 당신이 기찻길 석탄 더미에서 석탄을 훔치다 들켜 야단맞고 돌아왔던 이야기를 하셨다. 나는 마돈나, 컬처클럽, 듀란듀란과 같은 해외 팝스타에 빠져 있던 시기, 그리고 내 아이는 컴퓨터 게임 속 지구 반대편 친구와 가상현실의 게임을 즐기고 있는 시기에 아버지는 전쟁을 겪으셨다니. 가족이란 이름의 한 울타리 안에서 늘 같이 살아왔기에 같은 걸 보고 같은 걸 느낀다고 생각하지만, 아버지는 나와 아이들이 상상하기도 어려운 힘든 상황을 예민한 사춘기에 겪으셨던 것이다. 역사의 질곡 속 그 오랜 세월을 무던히도 버텨 오셨음에 존경심이 생긴다.

여러 고민을 하며 책장을 둘러보다가 처음에 아버지에게 맛보기로 가져가 읽어 드렸던 류시화의 《신이 쉼표를 넣은 곳에 마침표를 찍지 말라》가 눈에 들어왔다. 일을 그만두고 '길'이란 단어를 검색해 걸려드는 책은 모조리 찾아 읽어 치우던 시기, 마치 신이 나를 향해 "내가 너를 잠시 쉬게 할 뿐이니 멈추지 말라"고 말하는 듯한 제목에 이끌려 읽은 책이다. 백 편의 쉽고, 단순하지만 울림이 큰 우화가 짧은 호흡으로 엮여 있어, 책상에서 손이 쉽게 닿는 곳에 꽂아 두고 달콤한 막대사탕 빼먹듯, 글 하나씩을 음미하던 책이다. 처음 이 책의 우화 몇 편을 읽어 드렸을 때, 아버지가 수수께끼같이 결말을 추측하면서 재미있어 하셨던 것이 생각났다. 네 번째 책을 이 책으로 정하고, 백 편의 우화 중 아버지가 좋아하실 것들을 골라 하루에 두 편씩 낭독해 보내 드렸다.

요즘 저는 아버지께 책을 읽어 드립니다

세상이 변하고 세대가 달라도 사람의 마음을 움직이는 이야기의 힘은 변하지 않는 듯하다. 미디어 업계에 오랫동안 일하면서, 또한 글을 쓰기 시작하면서, 사람의 마음을 움직이는 스토리의 요건에 대해 많은 생각을 한다. 어려운 이야기를 길고 어렵게 하는 건 낮은 단계의 스토리텔링이라는 믿음이 있다. 어려운 이야기를 짧고 쉽게 하는 것이, 그리하여 듣는 사람이 그 이야기가 전하는 바를 쉽게 깨달아 마음을 바꾸고 행동을 바꿔 삶이 달라지도록 하는 것이 고수의 스토리텔링이라는 생각이 든다. 그래서 우화나 시가 높은 단계의 스토리텔링인 듯하다. 예수님이 비유로 말씀하셨던 것도 바로 이런 이유일 것이다. 스토리텔링 기술이 개인의 능력이 되어 가는 요즘, 시간 날 때마다 성경 속 예수 그리스도의 비유를 접하는 것만 해도 큰 도움이 될 것이다.

세대를 아우르는 감동

'바가바드기타와 숯 바구니'라는 우화가 있다. 할아버지와 함께 매일 아침 오래된 경전 《바가바드기타》를 읽던 소년이 할아버지에게 경전 내용을 이해할 수 없다고 불평을 늘어놓는다. 할아버지는 손자에게 바구니 하나를 던져 주며

강에 가서 바구니에 물을 떠 오라고 시킨다. 소년은 바구니에 물을 가득 담았지만 집에 도착하기도 전에 바구니의 물은 틈새로 모두 새어 나가 버린다. 소년은 바구니에 물을 담는 것은 불가능한 일이라고 말하지만, 할아버지는 더 빨리 뛰어 보라고 다그친다. 소용없는 일이라고 말하는 소년에게 할아버지는 말한다.

"바구니를 잘 보거라."

물을 담는 것에만 신경을 쓰던 소년이 바구니를 들여다보니 숯 검댕으로 더럽던 바구니가 빛이 날 정도로 깨끗해져 있었다. 할아버지는 말한다.

"경전을 읽을 때 일어나는 일도 이와 같다. 너는 내용을 이해 못 할 수도 있고 기억 못 할 수도 있다. 경전 내용이 네 마음 틈새로 다 빠져나가 버릴 수도 있다. 하지만 그 행위가 너의 안과 밖을 서서히 변화시킬 것이다. 이것이 꾸준한 수행이나 명상이 우리 삶에서 하는 일이다."

성경을 읽을 때마다, 책을 낭독하는 시간마다 마치 영혼의 세수를 하는 듯한 느낌이 든다고 생각했는데 아마도 내 바구니가 매일 조금씩은 정화되고 있었던 걸까.

중학교 3학년이 되며 사춘기의 힘든 터널을 빠져나오려 안간힘을 쓰고 있는 큰아들은, 새 학기가 시작한 후 학교 공

요즘 저는 아버지께 책을 읽어 드립니다

부에 열심을 다하고 있다. 감사한 일이다.

그런데 첫 시험 결과가 만족스럽지 않은가 보다. 결과가 나온 날 저녁 내내, '암기할 게 너무 많다' '이런 공부가 내 인생에 도움이 될지 모르겠다' '이 시간에 실제 도움이 되는 일을 하는 게 나은 것 아닌가 모르겠다'라면서 푸념을 늘어놓는다. 어떻게 힘을 줄 수 있을까 고민하는데, 마침 낭독했던 '바가바드기타와 숯 바구니' 이야기가 떠올랐다. "엄마가 할아버지 낭독해 드린 이야기 중에 이런 게 있는데…" 하고 책 이야기를 들려줬다. 그리고 마지막엔 이렇게 덧붙였다.

"물론 지금 외우는 지식들은 바구니 틈새로 빠진 물처럼 쓸모가 없을지도, 기억이 안 날 수도 있어. 그런데 어쩌면 하나님은 앞이 안 보이는 것 같아도 성실하게 나가는 그 과정을 통해, 너라는 바구니를 깨끗하고 크게 만드시는 건지도 몰라. 문제 풀 때 잊지 말아야 할 게, 출제자의 의도를 파악하는 거잖아. 물론 성적이 중요하지만, 엄마 생각엔 네가 실망해서 좌절하지 않고 하던 대로 열심히만 하면, B가 아니라 C를 맞아도 원하는 학교에 합격할 수 있을 것 같다는 생각이 드는데."

저녁 내내 한숨을 내쉬던 아이의 얼굴에 환한 빛이 떠오른다. 매미 소리가 한창인 무더운 여름날, 오래된 인도의 우화 한 편이 1939년생 아버지에게, 1971년생 나에게, 그리고 2006년생 아들에게 지금 잘하고 있다고, 그렇게 가면 되는 거라고 말을 걸며 어깨를 툭툭 다독여 준다.

요즘 저는 아버지께 책을 읽어 드립니다

6

성령의 탄식

천로역정

아버지를 위한 마지막 숙제

이 년쯤 된 일이다. 아버지를 만나고 집으로 돌아오는 길, 병상의 아버지가 유독 안되어 보였다. 자동차 운전석에 앉자마자 이유 없이 눈물이 흐르기 시작했다. 흐르는 정도가 아니었다. 엉엉 소리 내어 통곡했다. 수지에서 서울까지 오는 한 시간 내내, 눈물이 멈춰지지 않았다. 평생 처음 겪어 보는 일이었다.

한동안 그날 눈물의 정체가 뭐였을까 궁금했다. 혹여나 아버지가 돌아가시려나 하는 생각이 들어 자주 찾아뵙곤 했다. 그런데 그런 생각이 무색하게도 시간이 지날수록 아버지는 엄마가 챙겨 주시는 제철 음식 덕에 더 건강해지셨다. 매일 몇 시간씩 신문을 보시면서 정신도 더 맑아지셨다. 그렇게 시간은 계속 갔고, 마치 답은 그게 아니라고 힌트를 주듯 아버지 팔순에 선물해 드렸던 난 화분에는 철마다 꽃이 피고 또 폈다.

'통곡 사건' 있은 지 1년쯤 후, 우연히 성경을 읽다가 마주한 구절이 마음에 들어와 꽂혔다.

"성령께서도 우리의 연약함을 도와주십니다. 우리는 마땅히 무엇을 기도해야 할지 알지 못하지만 오직 성령께서 친히 말로 할 수 없는 탄식으로 우리를 위해 간구하십니다."
롬 8:26

아버지는 사고 전 엄마와 성당에도 나가시고 세례도 받으셨다. 그런데 사고 후 식구들의 지극한 간병에 평소에는 평온함을 유지하고 계시다가도 유독 하나님이나 신앙 이야기를 할 때면 극도로 냉담한 반응을 보이셨다. 그렇게 오랜 세월 자신을 눕혀 놓고 아무 대답도 없는 하나님에게 아버지는 화가 날 대로 나 있으셨다. 신앙 이야기를 할 때마다 듣기 싫다고 거부하시는 눈빛이 역력했다. "그런 이야기하려

요즘 저는 아버지께 책을 읽어 드립니다

면 가라"고 하셨다.

　사고 후 얼마 동안은 지푸라기라도 잡겠다는 심정으로 치
유의 은사가 있다는 목사님과 지인들을 초대해 안수기도도
받으셨다. 성당 신부님도 가정 방문해 주시고는 했다. 그런
데 매번 실망하고 또 실망할 뿐이었다. 아버지의 바람대로
기적같이 아버지를 일으킬 방법은 이 땅 어디에도 없는 듯
했다. 과연 다시 일어서실 수 있을지, 그 모든 뜻은 오직 하
나님께만 있음이 분명하다. 다만 한 가지 확실한 것은, 신이
없다 치부하고, 혹은 신이 나를 버렸다 분노하고 있는 한 아
버지의 운명과의 투쟁은 분명 더 힘겹고 외로울 것이라는
사실이다.

　아버지를 하나님과, 또 자신의 인생과 화해시켜 드리고
싶었다. 그것이 내가 아버지를 위해 해야 하는 마지막 숙제
처럼 느껴졌다.

천성에 다다를 수 있기를

　처음엔 그저 아버지를 위로해 드리기 위해 시작했지만,
책 낭독을 통해 아버지가 하나님께 마음을 열 기회를 잡아
보고 싶다는 마음이 생겼다. 사심(?)이 생기니 책 고르기가
어려웠다. 아버지는 워낙 예리하셔서 상대방의 속내를 금방

간파하신다. 혹시나 아버지가 "그런 거 하려면 관둬라" 하시면 지금까지 한 수고조차 허사가 되지나 않을까 걱정이 되었다.

서재에 가득 꽂힌 기독교 서적들을 조심스럽게 둘러봤다. 그러다가 시선이 붉은색 책 표지의 《천로역정》에 꽂혔다. 전 세계에서 성경 다음으로 많이 팔리고 읽힌다는 기독교 고전의 대명사다. 주인공의 이름이 아예 '크리스천'이고, 내용은 주인공이 '좁은 문'을 통과해 우여곡절 끝에 '천성'에 이르러 영생을 얻는다는, 믿음의 여정을 우화적으로 그린 이야기다. 책의 곳곳에 주인공이 성경 구절을 읊조리는 장면이 가득한 이 책을 과연 아버지가 거부감 없이 들으실 수 있을지, 기대 반 염려 반이었다. "다양한 인물이 나오고, 재미있는 이야기가 긴장감 있게 펼쳐지는 책이 좋다"던 아버지 말씀이 기억났다. 그 말씀에 희망을 걸어 봤다.

이 책에는 '고집' '변덕' '신실' '소망' 등 이름만으로도 더 설명이 필요 없는 다양한 성격의 인물이 등장한다. 인물 한 사람 한 사람의 목소리를 내기 위해 최대한 상상력을 발휘해 연기했다. '신실'의 목소리는 내 안에 존재하는 최대한 신실한 목소리와 말투를 꺼내어, '변덕'의 목소리는 상상할 수 있는 가장 변덕스러운 인물을 상상하며 긴장감 있게 목소리

요즘 저는 아버지께 책을 읽어 드립니다

연기를 했다. 엄마는 재미있다며, 잠자리 누워 들으면 하루의 피로가 가시는 느낌이라 하셨다. 아버지는 '도대체 미리 몇 번을 읽어 보기에 그렇게 실감 나는 연기가 가능하냐'고 물으셨다. 일단은 성공이다!

낭독하는 일의 더 큰 의미를 깨닫고 나니, 마치 무엇인가에 빨려 들어가듯, 하루의 쉼도 없이 낭독을 마쳤다. 꾀가 나는 날도 있었고, 짬을 낼 수 없이 바쁜 날도 있었다. 그럴 때마다 떠오르는 '통곡의 순간'이 나를 책상 앞에 데려다 앉혀 놓았다. 생각해 보면 올해 초에 뽑은 '올해의 성경구절'도 그거였다.

"좁은 문으로 들어가라. 멸망으로 인도하는 문은 크고 그 길은 넓어 그곳으로 들어가는 사람이 많다. 그러나 생명으로 인도하는 문은 좁고 그 길은 험해 그곳을 찾는 사람이 적다." 마 7:13-14

딸의 목소리 연기를 신기해하며 들으시던 아버지의 영혼 또한 좁은 문을 통과해 천성에 다다를 수 있기를! 내 몫은 그저 기도하듯 읽어 내려가는 것까지일 뿐, 그 모든 과정을 하나님이 주관하실 것이라 믿어 본다.

7

자아의 신화를 찾아

연금술사

자아의 신화와 장미석 브로치

엄마의 화장대 서랍 한 귀퉁이에서 50년 전 결혼 예물로 받으셨다던 장미석 반지를 발견했다. 오랜 시간 착용하지 않아 원석이 빛을 잃은 데다, 디자인도 구식이라 끼고 다니기는 어려울 것 같았다. 나더러 가져가 금이라도 팔아 쓰라고 하시기에 정말 그럴까도 생각했다. 그러나 그 옛날 자식들 행복하게 잘살기를 기도하며 할머니가 손수 정성껏 준비하셨을 것을 생각하면 홀랑 팔아 버릴 수가 없었다. 차라리다른 디자인의 브로치로 리세팅하기로 했다. 이왕이면 어디서도 본 적 없는 특별한 디자인으로 하고 싶었다. 보석상 사장님과 여러 달 상의하며 고민하다가 장미석 위에 깃털 달린 가면을 만들어 넣기로 했다. 디자인대로 정교하게 세공된 브로치가 마음에 들었다.

그러고 나서 3개월쯤 지나 파울로 코엘료(Paulo Coelho)의 《연금술사》를 낭독했다. 마지막 부분에서 주인공이 보물 상자를 여는 장면에서 나는 너무나 놀랐다. 그 안에는 눈부신 보석들, 붉고 흰 깃털로 장식된 황금 마스크, 갖가지 보석으로 세공된 조각상들이 들어 있었다. 자아의 신화를 찾아 나선 여행 끝에 찾게 된 보물상자, 그 안에 들어 있는 가면! 죽는 날까지 '자아의 신화'를 찾다 죽을 것이고, 모든 이들에게 '자아의 신화'를 찾아 길을 떠나 보라고 이야기하고 싶은 나에게 《연금술사》는 내용만으로도 인생 책이었는데, 고맙게도 내 브로치를 '자아의 신화'의 표상으로 만들어 주었다. 브로치를 달 때마다 느껴진다. 할머니의 사랑과 엄마의 손길과 내 자아의 신화가.

고난이란 연금술의 과정이 아닐까

그동안 《연금술사》는 반쯤 읽다가 덮은 채로 책장 구석에 수년간 꽂혀 있었다. 낭독을 위한 책을 찾다 어렵지 않은 모험기가 좋을 듯하여 오랜만에 다시 집어 들었다. 배우 러셀

크로우(Russell Crowe)의 추천사가 이렇게 쓰여 있다. "첫 출발을 하는 신인 배우에게, 또 인생에서 다시 방향을 잡기를 바라는 사람들에게 늘 추천하고 싶은 책." 처음 이 책을 고른 것도 아마 그 서평을 본 후였던 것 같다. 이른 은퇴 이후 다시 길을 찾기 위해 지푸라기라도 잡고 싶은 심정으로 간절했던 내게 이 서평은 '당신이 원하는 걸 내가 줄 수 있을지도 몰라요'라고 말을 걸어왔다.

양치기 소년 산티아고는 누군가의 손에 이끌려 피라미드로 가서 보물을 찾는 꿈을 여러 번 꾼다. 우연히 만난 한 노인으로부터 모든 인간은 '자아의 신화'를 찾아야 할 의무를 지닌다는 말을 들은 산티아고는 양을 팔아 이집트로의 여행을 시작한다. 피라미드로 향하는 모험 길에서 산티아고는 온 재산을 도둑맞기도 하고 전쟁 속에 휘말리기도 한다. 마침내 그는, 험난한 삶 속에서 목표를 향해 포기하지 않고 나아가는 자만이 얻게 되는 '만물의 정기' 속 숨겨진 지혜를 얻는다. 그러면서 지금까지 나타났던 모든 사건과 사람이 자신이 '자아의 신화'를 이루는 길로 인도하는 표지임을 깨닫는다.

사막에서 모은 부와 사랑하는 여인 옆에 안주하려는 산티아고에게 연금술사가 나타난다. 그는 자아의 신화를 포기하고 사는 사람들의 마음속 허망함을 설명해 주며 산티아고를 다시 피라미드로 인도한다. 마지막까지 몇 번의 고비를 넘긴 산티아고는 피라미드 앞 그를 위해 예정되어 있던 보물 상자를 찾아내고, 긴 사막에서 고난을 딛고 만물의 정기와 하나 되는 깨달음을 얻어 금과 같이 강해진 그는 보물과 함께 사랑하는 여인에게 돌아간다.

은퇴 이후 내 마음을 가득 채웠던 건 나를 둘러싼 삶의 세 가지 질문이었다. 신은 왜 선하신 부모님의 노년에 장애와 간병이라는 청천벽력과도 같은 상황을 허락하셨는지, 남이 만들어 놓은 틀을 따라가기 싫어하는 개성 강한 아들은 어떻게 키워야 하는지, 마지막으로 나는 누구이며 앞으로 어떤 길을 가야 하는지에 대한 문제였다.

서로 관련이 없어 보이는 그 질문들에 대한 답을 구하기 위해 하나님이 나를 데려가신 곳은 바로 내 삶의 자리와 도서관이었다. 아이들을 학교에 보내고, 교회 모임에 나가 성경 공부를 하고, 학원 끝나기를 기다리며 도서관에서 '고난, 교육, 길'이라는 키워드를 찾아 손에 들어온 수백 권의 책들을 읽었다. 그러면서 나는 책 속 주제들과 실랑이를 했다. 신기하게도 《연금술사》 속 여러 가지 표지처럼, 내 질문의 표지들은 책 속에 들어 있었다! 내가 읽은 고난에 관해 이야기한 수 없이 많은 책은 '고난이란 신이 인간을 금으로 빚어 가며 자신의 존재를 드러내기 위한 연금술의 과정'임을 알려 주었다.

시간이 지나면서 처음 내가 가졌던 세 가지 질문이 서로 맞물려 있음을 느낀다. 부모님의 삶에 더 많이 관심을 갖고 관찰하며 소통하면서 나를 얽매던 열등감에서부터 해방되는 경험을 했다. 아이의 적성을, '자아의 신화'를 찾아 주려고 끊임없이 대화하는 모든 시간이 궁극으로는 '나도 모르던 나'를 발견하는 고리로 연결되어 감을 느낀다. 어쩌면 내가 있는 자리에서 치열하게 사랑하고, 지혜를 구하고, 최선을 다하는 발자국 하나하나가 모여 내 길이 만들어지는 거라는 생각이 든다.

마침내 얻게 될 보석을 기대하며

《연금술사》는 다음의 이야기로 끝을 맺는다. 성모 마리아께서 아기 예수를 안고 수도원에 갔는데 사제들이 길게 늘어서 시로, 성화로 경배를 드렸다. 교육도 제대로 받은 적 없는 볼품없는 사제가 주머니에서 오렌지를 가지고 공중던지기를 보여 주기 시작했고 아기 예수가 처음으로 환하게 웃으며 박수를 쳤다. 성모께서는 그 사제에게만 아기 예수를 안아 볼 수 있도록 허락했다.

늦은 저녁 일렉트릭 기타에 빠진 둘째 아들을 기타 학원에 데려갔다. 선생님이 "벌써 기타 줄이 녹슨 걸 보니 연습을 얼마나 하는지 알 수 있네요" 하며 아이를 격려해 주신다. 아들은 선생님을 따라 기타 줄 사이로 바쁘게 손가락을 놀리며 그만의 자아의 신화를 찾기 위해 혼신의 힘을 기울인다. 그런 아들이 참 대견해 보였다.

집으로 가는 길에 아들이 묻는다.

"엄마 새벽에 일찍 일어나 글 썼다며 피곤하지 않아?"

"하나도 안 피곤해. 아들이 자아의 신화를 찾아 노력하는 걸 보는데 피곤은 무슨. 혹시 아니? 엄마도 열심히 너 키우다 보면 아기 예수를 한번 안아 볼 수 있을지?"

무슨 말인가 어리둥절하는 아들의 얼굴 너머로 붉은 노을이 찬란했다.

8
사랑으로 찾은 선

뢰제의 나라

믿고 기다릴 때 나타나는 변화

지난 해, 아이들이 다니는 대안학교서 초등 저학년 학생들을 대상으로 한국어 교사로 봉사를 했다. 아이들을 가르친 경험이 부족한 나로서는 집중 시간이 짧고 에너지가 넘치는 스무 명 남짓한 어린아이들을 다루는 것이 여간 어려운 일이 아니었다.

솔직하고 거침없는 아이들은 봐주는 게 없다. 수업 첫날, 며칠 동안 공들여 준비한 자료를 설명하는데, "재밌는 거 한 댔잖아요. 재미 하나도 없어요!" 하며 한칼에 내 기를 꺾어 버렸다. 내가 하는 말끝마다 "나는 싫은데" "아닌데" 하며 수

요즘 저는 아버지께 책을 읽어 드립니다

업의 맥을 뚝뚝 끊어 놓는 녀석이 있는가 하면, "이 시간 숙제 없애면 안 돼요?" "선생님은 말 잘 듣는 애들만 예뻐하죠?" 하며 도발하는 녀석도 있다. 참 이상한 건, 말 잘 듣는 모범생들은 그대로 예쁘지만, 더 신경이 쓰이고 풀어야 할 숙제처럼 마음에 오래도록 남는 아이들은 장난이 심하고 말 안 듣는 이런 '고오얀' 녀석들이다.

어떻게 해야 이 시간을 좋아하게 할 수 있을까 고민했다. 무서운 얼굴로 훈계해도, 스티커나 학용품 같은 뇌물을 준비해도 그때뿐, 아이들의 마음을 사는 게 영 쉽지 않았다. 그런데 시간이 지나면서 미운 짓 골라 하는 녀석들의 특별한 장점들이 눈에 들어오기 시작했다. 수업 시간에 그 장점을 지속적으로 칭찬해 주었다. 그러자 녀석들의 태도가 달라지기 시작한다. 숙제도 꼬박꼬박 해오고, 수업 시간에도 집중하는 모습을 보인다. 첫 시간 발표하다 울며 노트를 찢어 버렸던 아이가, 이제는 숙제도 먼저 챙기고, 좋은 수업 분위기를 만드는 데 앞장서는 든든한 조교가 되었다.

자신도 모르던 장점을 일깨워 주고 착한 본성에 집중하게 하면서 나쁜 습관들이 조금씩 고쳐질 거라 믿고 기다려 주는 것, 어렵지만 그게 교사가, 부모가 아이에게 해줄 수 있는 가장 좋은 선물인 듯하다. 어쩌면 내 아들들도, 남편도,

또 내 안에 존재하는 아이같이 성숙하지 못한 자아조차도 변화시킬 수 있는 열쇠는 사랑으로 보아 주는 눈, 그리고 믿음과 기다림이 아닐까? 실천은 늘 어렵지만 말이다.

사랑과 헌신의 기적

얼마 전 집 근처 길가에 예쁜 수제 잼 가게가 문을 열었다. 빨간색 문을 열고 들어간 가게 한쪽에는 곱게 손때가 탄 헌책들이 쌓여 있었다. 잘 아는 독서 선생님이 팔려고 내놓으신 책이란다. 한눈에 보기에도 사랑받았던 귀태가 나는 책들은 주인의 책에 대한 진심과 고운 영혼의 결을 그대로 드러내 보여 주고 있었다. 그중 화려한 일러스트로 표지를 장식한 책 한 권이 단번에 마음을 사로잡았다. 제목은 《뢰제의 나라》. 주인공 아이가 교통사고를 당하면서 저승사자의 실수로 혼이 하늘로 올라가 겪는 모험담이었다. 대강 훑어만 봐도 빨려 들어갈 정도로 쉽고 재미있어서, 낭독하기에 더할 나위 없이 좋을 것 같았다. 첫 부분에 주인공의 할아버지, 할머니가 경상도 사투리로 말하는 대목이 나오는데, 딸의 사투리 연기를 들으시며 웃음 지으실 엄마, 아버지의 얼굴이 그려졌다.

12살 소년 다함이는 부모를 잃고 동생과 함께 외가에 산다. 어느 날 도굴꾼들을 추적하다가 발각되어 도망치는데, 그러다가 교통사고를 당해 가사상태에 빠진다. 그동안 다함이의 혼은 저승사자의 실수로 신들의 나라인 뢰제의 나라로 올라간다. 뢰제는 신들의 나라를 다스리는 황제다. 그런데 뢰제를 모시던 대제들의 반역으로 혼이 궁에 갇혀 버린다. 그 이후로 뢰제의 나라는 평화를 잃는다. 신민들은 살아남은 뢰제의 아들, 천랑이 뢰제의 혼을 구하고 하늘나라의 원래 모습을 되찾아 줄 거라는 이야기를 믿으며 살아간다.

다함이는 천랑을 만나 뢰제의 혼을 구하는 여정에 함께한다. 이 책의 가장 흥미진진한 부분은 마법에 걸려 타고난 신성을 잃고 괴물로 변해 버린 네 마리 신수에게 신성을 되찾아 주는 장면이었다. 난폭한 백호가 의로움을, 아둔한 현무가 지혜를, 간교한 청룡이 사랑과 어짊을, 마지막으로 교만하고 허영 가득한 주작이 아름다운 노래를 되찾는다. 이 대목을 낭독하며, 나는 내 안에 숨어 있는 가장 난폭한 목소리와 가장 의로운 목소리, 가장 아둔한 목소리와 현명한 목소리, 허영에 들뜬 목소리와 진정성 가득한 목소리를 모아 연기했다. 그럴듯하게 들리는 내 목소리를 다시 들으며, 어쩌면 내 안에도, 우리 모두 안에도 선함과 악함의 양면이 동시에 존재하는 게 아닐까 하는 생각이 들었다.

신수의 신성을 깨운 강력한 힘은 매번 천랑의 자신을 내어주는 희생과 사랑, 그리고 헌신에서 나왔다. 그 천랑을 고비마다 버틸 수 있도록 도운 건, 다함이의 무조건적인 믿음이었다. 그렇다면 우리 안에 하나님이 선물한 착한 본성을 깨울 수 있는 열쇠 또한 사랑과 믿음, 기다림이 아닐까? 순간 내 어린 제자들의 해맑은 미소가 떠올랐다!

3개월 동안 병원 중환자실에 누워 있던 다함이는 기적처럼 깨어났다. 그 기적이 일어날 수 있었던 것 역시 가족의 사랑과 믿음, 그리고 마지막으로 다함이의 손을 잡고 기를 불어넣어 준 천랑 덕분이었다.

아버지가 사고를 당하신 지 만 13년이 지났다. 아버지는 당신을 일으켜 줄 줄기세포와 로봇 기술이 개발될 때까지 꼭 살아남아 일어나시겠다고 농담 반, 진담 반으로 말씀하신다. 지리한 시간을 보내며 포기하고 싶은 순간이 왜 없었을까? 하지만 그 오랜 시간 아버지를 살아 있게 한 건 엄마의 사랑과 헌신이었으리라.

"하나님 아버지. 당신을 믿는 믿음으로 두 손 모아 기도합니다. 아버지의 손과 발, 영혼에 힘을 보태 주소서!"

아버지와 사랑의 이야기 여정을 시작한 정말 특별했던 해, 열 번째 책의 낭독을 마무리했다.

9

새로운 쓰임에 대한 소망

산산조각

상처가 작품이 되어

지하철 역 승강장마다 붙어 있는 시들을 읽고 있노라면, 시인들은 세상 가장 작고 여린 것들의 이야기를 듣고 그 속의 진리를 친절하고 맛깔나게 전해 주는 통역자이자 초능력자들이라는 생각이 든다. 지난봄, 서점 신간 코너에서 정호승 시인의 《산산조각》이라는 책을 만났다. 책 표지에 쓰인 문구가 눈에 들어왔다.

"더 아름답게 피어나라고 바람이 몰아치는 거란다."

이 책이 어려운 상황에 있는 부모님에게 위안이 되면 좋겠다 싶었다.

정호승 시인은 오랜 기간 우화를 쓰고 싶다는 열망을 가지고 이 책을 준비했다고 한다. 그러다 보니 책 내용을 보면 수의, 부처의 기념품, 나무, 해우소, 종 등 작은 존재들을 의인화시켜 사랑, 인내, 희생의 가치를 이야기해 준다. 그중에서 인생이 산산조각 나 버린 한 남자를 향해, 부처의 기념품은 이렇게 말한다.

"산산조각이 나면 산산조각을 얻을 수 있지, 산산조각이 나면 산산조각으로 살아갈 수 있지."

하필이면 그날 설거지하다 종지를 깼다. 다른 때 같으면 스스로를 책망하면서 치우고 말았을 텐데, 그날은 조각들을 주워 담으면서 이렇게 저렇게 모양을 만들어 봤다. 꽤 괜찮은 미술 놀이가 되었다. 그래, 삶의 조각들도 이렇게 저렇게 붙이다 보면 생각지 못한 새로운 이야기로 결론지어질 것이다. 아픔과 상처와 고난이 우리 삶을 산산조각 난 것처럼 느끼게 하지만, 그 산산조각을 가지고도 우리는 삶이란 멋진 작품을 만들어 갈 수 있는 것처럼.

이제는 그릇이 깨지면 불평 섞인 탄식보다는 이 싯구가 먼저 생각날 것 같다. 이야기는 사람의 마음을 바꾸는 힘이 있다. 부모님께도 이 시가 지친 하루를 버티는 힘이 되어 주기를 기도하며 낭독을 이어 갔다.

요즘 저는 아버지께 책을 읽어 드립니다

글의 위로

"선암사 해우소"란 시를 녹음할 때는 왈칵 울음이 터져 나왔다. 끊임없이 인간의 똥오줌을 받아 가며 살아가는 해우소 받침돌의 고뇌와 번민을 다루는 내용이었는데, 13년 동안 병상에 누워 계신 아버지의 대소변 수발을 해 오신 엄마의 삶이 떠올랐던 것이다.

눈물을 주체할 수가 없었다.

"참고 견뎌야 한다. 모든 똥오줌을 받아들이는 너의 마음속에는 이미 부처가 있다"라는 선암사 스님의 위로의 말을 들으니 얼마 전 친구분들과 찍으셨다는 사진 속 엄마의 얼굴이 생각났다. "그 오랜 기간 고난을 참고 견디시더니 엄마 얼굴에서 부처가 보여요"라는 내 말에 엄마는 "무슨!" 하고 넘기셨지만, 분명 사진 속 엄마 얼굴에서 박물관 부처상의 모습이 비쳤다.

엄마한테서 문자 메시지가 왔다.

"오늘의 산산조각은 내 현재 삶을 이야기하네요. 마음이 뭉클하고, 하나님이 '너 수고했다' 하시는 것 같습니다. 내가 미력하나마 자녀들의 뿌리가 될 수 있으니 기뻐요. 언젠가 엄마 얼굴이 부처가 되었다고 해 준 말이 새삼 기억이 나는 날이에요.

우리는 고난 속에서 도를 터서 깨달음을 얻었나 봅니다. 오늘도 새벽 6시부터 똥 작업하고 성당 다녀와 목욕시켰다오. 한 번으로 끝나는 게 아니라 쓰레기봉투 세 번은 버려야 끝이 난다오. 그러니 자긴들 얼마나 자존감이 떨어지겠는지. 불쌍하지. 측은지심으로 산다오."

그 힘든 상황에서도 엄마는 도리어 아버지의 마음을 헤아리시니 얼굴에 부처가 보일 수밖에.

이 책에 "견뎌야 한다. 견딤이 쓰임을 낳는단다"는 말이 나온다. "우리는 또한 환난 가운데서도 기뻐합니다. 이는 환난은 인내를, 인내는 연단을, 연단은 소망을 이루는 줄을 알기 때문입니다"(롬 5:3–4)라는 말씀과 일맥상통하는 이야기다. 엄마의 오랜 시간의 견딤은 어떤 쓰임을 낳을 수 있을까? 과연 하나님이 엄마의 인생을 통해 이루실 궁극의 선은 무엇일지 늘 궁금했었다. 그럴 때마다 엄마는 손사래를 치며 그런 말 하지도 말라고 하셨다. 너무 힘들어 이젠 뭘 더 할 수도 없다고.

며칠 전, 엄마와 함께 당뇨 합병증으로 몸이 많이 불편해진 외삼촌께 병문안을 다녀왔다. 13년이 넘는 간병 생활에 의사가 다 된 엄마가 삼촌 옆에서 이런 저런 것들을 살뜰히 챙겨주신다. "약해지지 마. 뭐 먹고 싶은 건 없니? 내가 해다 줄게" 라며 일흔 살이 넘는 동생의 이마를 쓰다듬는 엄마의 마디진 손은 '이 세상 아픈 사람들을 위로하는 사랑의 손'으로서 쓰임, 그 소망을 이야기하고 있었다.

10
확성기로 말씀하시는 하나님

불편한 편의점

그 장모에 그 사위

남편이 아이들과 축구를 하다가 넘어져 왼쪽 팔목이 부러졌다. 철심을 박는 수술을 받았는데, 한동안은 재활이 필요하다고 했다. 며칠간 종합병원을 드나들다 보니, 아픈 사람들에게 마음이 가고 내 삶에 감사할 게 많다는 생각이 든다.

결혼 후 20년 가까이 건강해 준 남편이 고맙고, 다친 곳이 머리나 다리가 아니고 왼쪽 팔이라 감사했다. 생각지 못한 수술과 입원에 목돈이 나가게 생겼는데, 자동차 보험 들 때 들어 둔 상해보험이 도움이 되니, 몇 번이나 전화해 보험 들라고 권하던 콜센터 직원에게도 감사할 정도였다. C.S.

루이스는 "시련을 당할 그때가 하나님이 확성기에 대고 이야기하실 때"라고 했다. 그동안 내가 가지고 누리면서도 감사하지 못했던 것들을 당연시하지 말라는 하나님의 메시지를 듣는다.

한 손이 묶였으니, 옷 입을 때, 목욕할 때마다 내가 옆에 붙어 모자란 한 손이 되어 주었다. 처음엔 당연히 해야 하는 일이라 생각하고 성의를 다해 도왔는데, 두 주도 되지 않아 성가신 마음이 스멀스멀 올라왔다. 엄마는 그 긴 세월을 어떻게 살았나. 게다가 엄마도 몇 년 전 빙판길서 미끄러지셔서 오른쪽 팔목에 남편과 같은 수술을 받으셨다. 그런데 얼마간 재활하신 후엔 아버지 간병에 온갖 살림까지 다 하시고, 때마다 40킬로그램씩 배추를 들여다 혼자서 김치까지 다 담그셔서 이집 저집 나눠 주셨다. 슈퍼우먼이 따로 없다.

엄마는 수술 후 처가에 들른 사위에게 마취 독 빠지는 데 좋다며 녹두죽이랑 미역국으로 한 상을 차려 주신다. 돌아올 땐, '그 장모에 그 사위! 쾌유를 빕니다!'라고 직접 쓰신 봉투까지 내미시니 머쓱해하는 남편의 눈시울이 붉어진다.

남편은 한동안 다친 팔목에만 온 신경을 기울이더니, 한 달쯤 지나 기진맥진한 나를 보고 그냥 있을 수는 없다며 분리수거 봉투를 양손에 들고 나선다. 장모님을 이어 슈퍼맨

이 되기로 한 건가!

전화위복의 기쁨

오랜만에 아버지께 읽어 드리고 싶은 책을 찾았다. 《불편한 편의점》이라는 책이다. 2021년 발행되어 오랫동안 베스트셀러 자리를 유지하고 있는 이 책은, 작고 보잘것없는 편의점을 중심으로 인생의 겨울을 만난 사람들이 서로를 위로하고 격려하며 봄날을 열어 가는 이야기이다.

아무리 희망이 없어 보이는 사람일지라도 누군가 따뜻한 말을 건네고 믿어 줄 때 다시 일어설 힘을 낼 수 있다고, 편견을 버리고 마음을 헤아리고 용기 있게 손을 내밀 때 내가 돕는 대상뿐 아니라 스스로도 더 환한 빛을 얻게 된다는 것을 책은 이야기하고 있다.

우리 일상과 가까운 편의점이 배경이 되는 데다, 다양한 인물이 등장해 낭독하는 내내 신이 났다. 아버지가 너무 재미있어하신다며, 엄마도 만사 제쳐 놓고 파일 도착하자마자 먼저 들으신다고 했다. 욕설을 섞어 이야기하는 인물이 나와 찰지게 욕을 해대며 낭독했는데, 아버지가 책 읽다가 사람 망치겠다고 걱정하신단다. 나이가 쉰도 넘은 딸이 연기로라도 욕하는 게 듣기가 싫으신가 보다. 딸은 오로지 귀한 모습이길 바라시는 아버지의 고지식한 애정이 애틋함으로 다가왔다.

낭독이 중반쯤에 이르렀을 때, 책에 나오는 옥수수수염차, 참치 삼각김밥, 참깨라면을 사서 친정에 들렀다. 선반에 놓인 바나나우유를 보자 아버지가 좋아하시던 기억이 희미하게 떠올라 그것도 두 개 챙겼다.

편의점 음식들을 하나씩 꺼내 아버지 눈앞에서 흔들 때마다 "어, 이게 그 초콜릿이지?" "아, 이게 참참참이구나" 하고 책 내용과 눈앞 음식을 연결 지으며 유쾌하게 웃으셨다.

"바나나우유 그건 나 좋아한다고 사 왔구나!"

아버지가 바나나우유와 삼각김밥으로 점심을 대신하시는 동안, 나와 엄마는 옥수수수염차로 건배를 했다. 그렇게 우린 깔깔대며, 다음 이야기가 어떻게 이어질지 궁금해했다. 함께 나눈 이야기의 힘이었다.

책의 막바지에 이르자 아버지는 "내 생각엔 독고가 분명히…" 하시며 상기된 목소리로 결말을 예상하셨다. 대화하는 내내 아버지 특유의 명철함과 위트를 느낄 수 있었다. 아버지가 진정 아버지로 살아 계신 순간이었다.

그날 이야기를 SNS에 올리자 병원에서 근무하는 후배에게 연락이 왔다. 나중에 병원 환자들을 위해 책 낭독회를 하고 싶다고 했더니, 꼭 한번 기회를 만들어 보잔다. 반가운 이야기가 될 것 같아 아버지에게 후배와 나눈 이야기를 전해 드렸다.

"아버지랑 제가 그동안 같이했던 순간들이 어쩌면 다른 환자들한테 용기와 희망을 주는 데 쓰일 수도 있겠어요!"

그 말을 듣고 계시던 아버지의 얼굴이 환해지더니 이내 눈시울이 젖어 든다. 붉어진 두 눈으로 무엇인가 찾아내려는 듯 내 얼굴을 꾹꾹 눌러 한참 동안 응시하신다. 누군가 전동 침대를 조금만 빨리 움직여도 온몸에 전기충격이 오는 듯한 경련이 밀려와 신음하던 순간, 내 몸의 배설물까지도 남에게 맡겨야 했던 치욕의 순간, 하나님께 버림받았다고 느꼈던 절망의 모든 순간이 영 의미가 없었던 건 아닐지도 모르겠다고 스스로에게 이야기하고 계신 듯했다.

그동안 아버지는 '뜻이 있다면 알려 달라!'고 하나님께 매달리고 계셨는지도 모른다. 어쩌면 그 시련 속에서의 부르짖음에 확성기로 말씀하시는 예수님의 음성이 나와 아버지가 나누는 눈빛 틈새로부터 새어 나와 조금씩 아버지의 귀를 울리기 시작한 건지도 모르겠다.

요즘 저는 아버지께 책을 읽어 드립니다

할머니와 손자 ⓒ 김소영

Part 3

진리가 삶이 될 때

1

열정, 사랑, 진리의 드라마

모든 것은 기본에서 시작된다

아버지의 길

중고등학교 시절 배구선수셨던 아버지는 팔순이 넘으신 지금도 스포츠에 대한 열정이 대단하시다. 배구, 축구, 야구 경기의 중계방송 시간을 확인해 두고는 빼놓지 않고 시청하신다. 코로나로 밖에도 못 나가고 힘든 시기를 보내는 중학생 아들도 언젠가부터 축구에 열광한다. 손흥민 선수가 출전하는 프리미어리그 경기가 있으면, 새벽 4시에도 일어나 경기를 관람해야 한다며 알람을 맞춰 놓고 일찍 잠자리에 든다.

도대체 아버지와 아들은 왜 축구에 열광하는 걸까? 이유를 묻자 아버지는 "애국심이지"라고 대답하신다. 같은 질문을 아들에게 던지자 눈을 반짝이며 "축구란 더 이상 물리적인 전쟁이 없는 세상에서 지역간, 나라간의 축소판 전쟁과도 같은 것"이라며 유럽 축구팀 역사 이야기를 풀어놓는다. 할아버지와 손자의 마음을 대를 이어 꽉 잡고 있는 축구란 놈의 정체는 과연 무엇일까?

아버지께 읽어 드릴 책을 찾아 광화문 교보문고에 들렀다. 수많은 책이 자극적인 제목과 화려한 표지 디자인을 뽐내며 '나를 봐 달라!'고 외치고 있었다. 그중 유독 시선을 끄는 한 권의 책이 있었다. 표지에는 단정함과 카리스마가 느껴지는 한 중년 남자가 팔짱을 낀 채 서 있었다. 손흥민 선수의 아버지 손웅정 씨였다. 제목은 《모든 것은 기본에서 시작한다》. 언젠가 "내 축구는 온전히 아버지의 작품이다"라던 손흥민 선수의 인터뷰를 들은 적이 있어 기대하는 마음으로 책을 집어 들었다. 좋아하실 아버지와 아들의 얼굴이 그려졌다.

집에 와 저녁상을 치우고 읽기 시작해 빠져들었다가 깜빡 잠이 들었고, 책의 나머지 내용이 궁금해 새벽 3시에 잠이 깼다. 생전 책 읽고 싶어 잠에서 깨 보기는 처음이었다. 손흥민 선수가 대단한 축구선수이듯, 손웅정 씨 또한 대단한 아버지인 듯했다. 아들을 세계적인 축구선수로 키우는 것이 목표가 아닌 '가장 행복하고 사랑받을 수 있는 인간'으로 키워 내기 위해, 연구하고, 솔선수범한 그의 이야기에 절로 머리가 숙여졌다.

그 할아버지에 그 손자

축구와 책이 자신의 인생을 만들어 준 두 개의 축이라는 저자의 고백은 어떤 철학자의 철학서나 교육 전문가의 이론서보다 강렬했다. 이 책을 낭독하는 내내 솔로몬의 아버지, 다윗이 떠올랐다. 그는 평생 하나님의 성전을 짓고 싶어한다. 그러나 하나님은 "No!"라고 대답하셨다. 전쟁을 많이 치른 다윗이 성전을 지으면 그 성전은 피의 상징이 될 것이니, 대신 아들 솔로몬이 짓게 하겠다고 답하신다.

그 말씀에 순종한 다윗은 아들이 최고의 성전을 지을 수 있도록 당대 최고의 건축가와 건축자재, 자금을 준비한다. 그리고 솔로몬에게 성전 건축이라는 가문의 소명을 남긴다. 아버지의 기도로 만들어진 준비 속에 솔로몬은 역사에 오래 남는 성전을 짓는다.

스스로 개척해 나가야 하는 운명이었기에 모자란 게 많았던 손웅정 씨 또한 부상으로 일찍 은퇴한 뒤, 자신의 삶을

요즘 저는 아버지께 책을 읽어 드립니다

디딤돌로 아들이 세계적인 축구선수로 성장할 수 있게 헌신했다. 한국 축구 꿈나무들을 위한 축구장도 만들었다, 그는 축구를 통해 진리, 사랑, 소명의 이야기를 사는 사람이었다.

예상대로 아버지는 책을 읽는 내내 너무 흥미로워하시며 손웅정 씨를 두고 철학자가 될 만한 자격이 있는 사람이라고 하셨다. 지금까지 최고의 책이라 하셨다.

요즘 세계적인 뇌과학 연구소들에서 할아버지, 할머니와 손자, 손녀간 관계가 부모보다 더 깊은 교감을 나눌 수 있다는 연구 결과를 발표하고 있다. 큰아이는 친정아버지에게는 첫 손주다. 아이가 처음 태어났을 때 손자를 아끼는 아버지의 모습을 보며 '우리 아버지에게도 저런 모습이 있으시다니!' 하고 생각했었다. 어린 손주를 품에 안아 올리시며, 하늘의 비행기도 보여 주고 아파트 정원 감나무에 열린 감도 보여 주곤 하셨다.

아마도 그때 아버지의 영혼이 아들에게 "내 귀한 손자야. 앞으로 네가 살아갈 삶은 쉽지만은 않을 거란다. 힘들고 지칠 때마다 축구 경기를 보렴. 그 안에는 열정, 사랑, 그리고 진리의 드라마가 살아 있단다. 그 이야기들이 너를 버티게 해 주고 힘 나게 해 줄 거란다"라고 이야기했던 게 아닐까?

할아버지보다 한 뼘이나 더 커진 사춘기 손자의 영혼은

지금 이렇게 이야기하고 있을 것이다. "할아버지, 예전에 할아버지가 알려 주신 대로 축구의 힘이 대단하더라고요. 제가 학교 전학하고 어려운 상황에서 버텨 나가는 데 큰 힘이 되었어요. 그런데 할아버지! 제게는 축구보다도 더 큰 힘을 주는 게 있어요. 그건 바로 오랜 시간 장애를 가지고 사시면서도 맑은 정신을 유지하시고, 깊은 사랑의 눈길로 저를 봐 주시는 할아버지의 모습이예요. 그 모습을 평생 잊지 않겠습니다!"

십수 년 전 할아버지와 손자의 대화를 지켜보던 아파트 단지 감나무는 아직도 그 순간을 기억한다는 듯 올가을에도 생명력 가득한 짙은 주황색의 감들을 여럿 매달아 놓았다.

요즘 저는 아버지께 책을 읽어 드립니다

2
진리가 삶이 될 때

P31

"옷소매 붉은 끝동"이라는 드라마가 인기리에 막을 내렸다. 정조와 궁녀 신분에서 의빈의 자리까지 오른 덕임의 우정, 의리, 사랑 이야기다. 이 드라마는 '왕이 궁녀를 사랑했다면, 그 궁녀는 왕을 사랑했을까?'라는 질문으로 이야기를 진행해 나간다. 그래서인지 여러 면에서 기존의 역사드라마의 틀을 깬다.

왕으로서 궁녀를 기다리고, 배려하고, 아파하는 정조의 모습이 특히나 더 놀랍다. 이 드라마는 허구가 아니라 실제로 정조가 직접 쓴 의빈 성씨의 묘비에 나와 있는 내용을 바탕으로 제작되었다고 한다. '왕의 명령이 곧 하늘의 명령'이었던 시대 분위기를 감안하면 정조의 지고지순한 사랑은 그가 죽고 200여 년이 지난 뒤에도 살아서 내 마음을 애절하게 파고든다.

정조 이산은 아버지 사도세자가 죽은 뒤 살아남아 왕이 되어 억울한 부모의 한을 풀어 주기 위해 학업에 매진했다. 정치, 군사, 경제, 의학, 공학 등 모든 학문에 정통했으며, 진리를 책 속에만 묻어 두지 않고 탕평책, 수원성 제조 등 어려운 백성의 삶이 나아질 수 있도록 세상에 구현한 성군이다. 어머니 혜경궁 홍씨가 아프기라도 하면 직접 약을 달여 올렸다고 기록되어 있을 정도로 인간적인 면모까지 두루 갖췄다. 사람을 사랑하는 마음으로 학문 속 진리를 구하며 깨달은 진리를 삶으로 살아내 사랑을 실천한, 역사 속 살아 있는 '사랑과 진리와 혁신의 아이콘'이다.

드라마 속 두 주인공이 문을 사이에 두고 애절하게 읊던 시경의 한 구절이 아련히 귓가에 맴돈다.

"북풍은 차갑게 불고 눈은 펄펄 쏟아지네. 사랑하여, 나를 좋아하는 사람과 손잡고 함께 떠나리."

북풍이 차갑게 불던 겨울날 시작된 나의 정조 앓이는 한동안도 계속될 것 같다.

성경대로 살아가기

책의 치유 효과를 경험하고, 병상에 누워 계신 아버지를 위해 시작한 책 낭독이 어느덧 열 권째 책까지 마무리되었다. 아버지께 물었다.

"그동안 읽으신 책 중 어떤 책이 가장 좋으셨어요?"

"뭐니 뭐니 해도 손웅정 씨 책이었던 것 같아. 축구에 대해서도 박사지만 글도 그렇게 잘 쓸 수가 없어. 그 친구는 철학자가 될 자질이 충분해!"

세계적인 고전과 베스트셀러를 뒤로 하고 아버지는 왜 이 책을 최고로 꼽으셨을까? 어쩌면 다른 책들은 번역서인 반면 이 책은 국내 서적이었기 때문일 수 있다. 아무리 문학적 가치가 높다고 해도 원래부터 제 언어로 표현된 글과 번역문이 갖는 깊이와 정서적 교감은 다를 수밖에 없다. 그보다 더 큰 이유는 허구의 이야기를 써 놓은 소설과 달리 이 책은 세상에 살아 있는 진짜 이야기였기 때문일 것이다.

그런 책이 또 있을까 고민하면서 다음 책도 심혈을 기울여 고르고 또 골랐다. 그러다가 《P31》을 보고 '이거다!'라는 생각이 들었다. 《P31》이란 잠언 31장을 가리키는 말로, 하형록 회장의 '성경대로 비즈니스 하기'에 대한 책이다. 하 회장은 열두 살 때 미국으로 가 세계적인 건축 설계 회사

'팀 하스'를 설립했으며, 오바마 정부의 건축자문위원까지 지낸 능력자다. 20대 나이에 건축회사 임원의 자리에 올라 승승장구하던 그는 어느 날 고속도로를 운전하고 달리다가 심장 쇼크로 정신을 잃는다. 극적으로 두 번의 심장 이식 수술을 거치고 새 생명을 얻은 그는 병상에서 읽은 성경 속 잠언 31장에서 남은 여생의 비전을 찾는다.

잠언 31장은 현숙한 여인의 조건에 대해 적은 장으로, 내용에 헌신과 희생을 담고 있어 언뜻 보면 남성 중심의 사회에서 여성에게만 삶의 무게를 지우는 말씀으로 보인다. 그러나 성경에서는 하나님을 신랑, 인간은 신부로 이해할 수 있기에 달리 해석해 볼 수 있다. 하 회장 역시 이 말씀을 현명한 신자의 행동 강령으로 받아들이고 이 말씀에 따라 건축 설계 회사를 시작했다. '팀 하스'의 경영 원칙 중 하나가 '우리는 어려운 이웃을 위해 존재한다'인데, 이것은 하 회장의 고집이기도 하다. 그는 이 비전을 매일의 삶과 의사결정을 통해 지켜 나간다. 고객의 꿈을 위해 최선의 건축 디자인을 설계하고, 손해가 나도 약속은 지키며, 약한 자들을 위해 손해를 감수한다. 눈앞의 손해를 조금도 감수하지 않으려 악다구니를 쓰는 세상 속에서 그는 남들과 다른 길을 간다. 성경의 말씀을 책 속에, 교회 안에 가둬 두지 않고 매일

요즘 저는 아버지께 책을 읽어 드립니다

의 삶에서 행하며 기업을 운영했다. 그렇게 그는 미국 동부 굴지의 건축 설계를 일궈 냈고, 건축가로서는 최고의 영예로운 자리인 미국 정부 건축자문위원이 되었다.

삶의 결산은 하나님과 하는 것

우리는 흔히 책에서 읽는 진리는 책 속에만 존재하는 것이라 생각한다. 그리고 매일의 행동은 습관과 시류에 맡긴다. 그런데 하 회장은 성경 속 진리를 그대로 믿었고 그래서 성경이 시키는 대로 눈앞의 손해를 감수했다. 그런데 신기하게도 그는 더 큰 축복으로 돌려받았고 성경 속 진리를 사는 주인공이 되었다.

책 말미에 그는 고백한다. 자신의 회사가 얼마나 큰 건물을 많이 지었고, 자신이 얼마나 많은 일을 해냈는가 보다는 '얼마나 유익한 만남을 가졌는가' '누구에게 도움이 되었는가'에 관심이 더 많다고 말이다. 아마도 20여 년이 넘게 성경적으로 기업을 운영해 온 그는, 사람과의 관계에서 눈앞의 이익보다는 진실한 관계가 훗날 더 큰 기쁨과 이익을 가져온다는 사실을 알고 있는 것 같다. 내 삶의 결산은 눈앞에 앉은 사람과 하는 것이 아니라 하나님과 해야 한다는 사실도….

그래서 하나님이 애달파하는 존재들을 위해 도움을 주고 사랑을 나눌 때, 우리도 함께 축복의 주인공이 될 수 있는 게 아닐까? 사랑은 그 어떤 북풍에도, 어떤 폭설 속에도 우리를 살아 있게 한다. 따라서 우리에게 최고의 축복은 하나님이 주시는 상 자체가 아니라, 그 상 주시는 분과의 사랑의 관계를 붙잡는 것일 듯하다. 하나님과의 관계가 한편의 로맨스 드라마로 느껴지기도 한다. 어쩌면 그게 바로 우리가 로맨스 드라마를 보느라 넋을 놓고 TV 앞에 앉아 있는 이유일지도….

요즘 저는 아버지께 책을 읽어 드립니다

3

부자가 되는 길

꽃처럼 피기보다 새가 되어 날아가리

시대를 감동시킨 진짜 부자 이야기

학교서 가르치던 아이에게 장래 희망을 물어봤다. 그때 한 여학생이 '부자'라고 답했다. 더 정확히는 '강남 건물주'였다. 부끄러운 듯, 그러나 진지한 눈빛으로 자신의 꿈을 밝히는 그 모습에서 단지 장난이나 허영에서 비롯된 꿈이 아님을 느낄 수 있었다. 이유를 묻는 내게 "가난이란 힘든 거거든요"라고 말하는 아이가 안쓰러워 그 순간 그 아이가 꿈을 이루게 돕고 싶다는 생각이 들었다.

책장을 훑는데 《아름다운 부자 이야기》라는 책이 눈에 들어왔다. 제자를 생각하며 펼쳐 읽었다. 책에는 옛날 한국의 부자 열 명의 이야기가 소개되었다. 특히 우리 조상들의 부에 대한 지혜로운 태도와 가치관이 잘 녹아 있었다. 옛날의 부자들은 성품의 그릇에 맞지 않는 높은 벼슬이나, 나누지 않는 부는 오래 가지 못하고 화가 되어 돌아온다는 진리를 삶 속에서 실천하고 살았다. 재물을 이기적으로 소유하는 것이 아닌 재물의 통로가 되는 축복을 이야기하는 성경적 물질관과 맥을 같이 한다고도 볼 수 있다.

그중 제주 거상 김만덕의 이야기가 몇몇 여학생들에게 흥미로울 듯하여 꺼내 읽다 보니, 나 또한 그녀의 삶에 대해 더 자세히 알고 싶은 마음이 들었다. 만덕의 이야기를 역사적 사실과 함께 시나리오 형식으로 색다르게 구성한 《거상 김만덕, 꽃으로 피기보다 새가 되어 날아가리》라는 책을 찾았다. 시나리오 형식으로 쓰인 책이 낭독하기에도 그만이었다.

만덕은 조선시대 제주도에서 양민의 자식으로 태어났으나 어릴 적 부모를 잃고 관기의 양녀가 된다. 신분제가 엄격하던 시대에 만덕은 관에 호소하여 양민의 신분을 회복하고는 거상이 되겠다는 꿈을 꾼다. 행상으로 시작하여, 객주를 차린 만덕은 남성 중심의 시대, 기존 상인들의 텃세에도 굴하지 않는다. 배를 사서 육지와의 직거래를 통해 돈을 벌고, 당시에는 드문 주문 생산제까지 도입하는 등, 그 누구도 시도하지 않았던 방법으로 제주 최고의 거상이 된다.

조정에 공물을 진상하는 과정에서 자신을 흠모하며 든든하게 도와주던 소중한 벗 문명을 잃은 그녀는 '진정한 거상이란 돈에만 집착하지 않으며 옆을 돌아보고 주변과 사랑을 나누며 살아야 하는 것'임을 깨닫는다. 최악의 기근이 제주에 닥친 해, 만덕은 자신의 전 재산을 풀어 제주도민을 살린다. 정조 임금 또한 만덕의 나눔에 감동하여 상을 내리려고 하였으나, 상 대신 왕과 왕비를 만나고 금강산 구경을 하고 싶다는 소원을 알려 조선 전체에 유명세를 떨친다.

당시 좌의정 채제공은 만덕전을 쓰고, 다산 정약용은 시를 남겼으며 추사 김정희는 "은혜의 빛이 온 세상에 퍼지다"는 뜻의 편액까지 헌사한다. 이렇게 김만덕은 시대를 감동시킨 이야기의 주인공이 된다.

환경에 지지 말고 사랑을 나누며 살길

이 책의 저자는 김만덕을 다음과 같이 평가한다.

"목표한 바가 있으면 끝까지 밀어붙이는 불굴의 의지, 새로운 방식을 과감하게 시도한 창의력, 주위의 어려움을 돌보고 행복을 함께 나눌 줄 아는 마음까지, 스스로 운명을 개척한 보다 능동적인 인물이었고, 일찍이 나눔의 가치를 깨달은 말 그대로 '큰 상인'이었다."

김만덕이란 인물의 삶이 여러 면에서 흥미로운 데다가, 책도 드라마 대본과 같이 대화체로 쉽고 재미있게 쓰여 하루에 다 읽을 수 있었다. 낭독하기 전 인물마다 어떤 목소리 톤으로 묘사할지 연습해 보았다. 만덕과 주변 인물, 그리고 만덕을 경계하는 치졸한 경쟁자 상인 등 각기 개성이 다른 인물들을 연기하며 낭독하니 마치 드라마 배우가 된 듯 즐겁고 신이 났다.

즐기며 빠져들어 낭독한 것이 티가 났는지, 시작한 날 저녁 엄마가 문자 메시지를 보내셨다.

"만덕의 이야기가 재미있고 귀에 쏙쏙 들어옵니다. 실력이 점점 일취월장합니다. 우리 따님 잠재능력이 무궁무진한 것 같습니다."

여든에 가까운 나이에도 자식의 발전은 엄마를 힘 나게 하나 보다. 쉰이 넘은 나이에 엄마의 칭찬이 나를 춤추게 하는 것처럼.

어린 제자의 꿈으로부터 찾아낸 200년 전 김만덕의 이야기가 어린 제자에게, 나에게, 노년의 엄마에게, 어려운 환경서도 지지 말고 잠재력을 꽃피우고 사랑을 나누며 살라고 말을 걸어 온다.

4

하나님에 대한 질문

이병철의 하나님

로마서!

2020년 새해 초반, 교회 새벽기도회에 참석했다가 세계
적인 신학자 R.T. 켄달(R.T. Kendall) 목사님의 설교를 듣게
되었다. 문득 나는 그분에게 아버지를 위로할 방법을 묻고
싶어졌다. 설교가 끝난 후 휴식을 취하고 있는 켄달 목사님
을 찾아가 물었다.

"아버지가 사고로 사지마비를 겪고 오랜 세월 누워 계십
니다. 아버지께 성경을 읽어 드리고 싶은데 성경 66권 중 어
떤 책이 좋을까요?"

켄달 목사님은 기도가 필요하다는 듯 한참 눈을 감고 있

더니 이내 눈을 뜨며 "로마서!"라고 답했다.

로마서는 당대 최고 지성이었던 사도 바울이 로마의 교인들에게 복음에 대해 쓴 편지글로, 성경이 반지라면 그 중심의 보석은 로마서라고 할 정도로 가치가 높게 평가된다. 고난 속에 담긴 신의 사랑을 이해하고, 모든 것이 합력하여 선을 이룬다는 믿음을 붙잡고 어려움을 이겨 내자고 초대하는 책이다. 하지만 처음 성경을 접하는 사람들에게 로마서는 쉽지 않다. 아버지에게 내용을 설명해 드리고 오디오북을 권했다. 처음에는 딸이 하도 간청하니 조금 들으시는 것 같았지만, 무슨 이야기인지 하나도 모르겠다며 중단하셨다.

그렇다고 여기서 포기할 수 있는가! 아버지를 위한 책 읽기가 어느덧 열 달을 채우고 있다. 나는 이 즈음에서 이 여정의 1차 목적지를 '로마서'로 정했다. 아버지가 재미있게 로마서를 받아들이실 수 있을 때까지 책을 통해 사랑받고 있음을 느낄 수 있게 해 드리면 좋을 것 같다.

'아버지가 로마서를 듣고 눈물 흘리시는 그날까지!'

부자도 피해갈 수 없는 고난

삼성그룹의 창업주 이병철 회장은 크리스천은 아니었다. 그런 그가 노년에 하나님에 대한 스물네 가지 질문을 정리해 가톨릭 신부와 개신교 목사들에게 보내 답을 구하고자 했다는 이야기를 들었다. 대한민국 최고의 기업을 만들어 성공시킨 부자의 대명사인 그가 인생의 뒤안길에서 끊임없이 답을 얻고자 했던 질문들은 무엇이었을까?

다음 낭독 책을 찾아 서점을 훑다가 발견한 《삼성 창업가 이병철의 하나님》이란 책이 눈에 들어왔다. 제목이 이색적이었다. 가장 많은 돈을 가진 재벌, 돈으로 세상 얻지 못할 것이 없었을 것 같은 그가 왜 하나님께 관심을 갖게 되었을까?

책에는 이병철 회장이 했다는 질문서가 실려 있었다. '신은 존재하는가?' '신이 인간을 사랑한다면 왜 고난을 허락하는가?' '악인이어도 하나님만 믿으면 천국에 가나?' '종말은 있는가?' 등 이성적인 무신론자로서 던질 수 있는 질문들이 일목요연하게 친필로 정리되어 있었다. 그 한 글자 한 글자에서 답을 구하는 그의 간절한 마음을 읽을 수 있었다. 특히 '부자가 천국에 들어가기가 낙타가 바늘구멍을 통과하는 것보다 어렵다는데 진짜 그런가?'라는 질문에서는 평생 기업을 일구기 위해 쉼 없이 살았을 그의 억울함이 전해졌다. 성경의 이 구절 때문에 큰 부자 중에 크리스천이 적다는 이야기도 들은 적이 있다.

저자는 이병철 회장의 생애 고비마다 있었던 수많은 어려움과 고난의 시간을 같이 그리며, 이 회장이 왜 그런 질문을 할 수밖에 없었는지를 설명한다. 그 누구보다 큰 기업을 세우고 일궈 나라 가장 큰 부자가 되었고, 그랬기에 대한민국 근대 역사 위기의 순간마다 감당하기 쉽지 않은 어려움이 있었다. 그런 그의 삶 이야기는 세상 누구에게도 만만한 인생이 없음을 보여 준다. 아무리 많은 부를 가진 자라도 인생의 고난으로부터 면제권을 살 수는 없다는 것을, 어쩌면 이 세상에서 누리는 것이 많을수록 고난과 고민이 더 크다는 것을 뼈저리게 느끼지 않았을까? 그도 결국에는 인생 마지막에는 하나님을 알고 싶어했던 것 같다.

사랑에 확신이 있다면 조건이 무슨 상관이랴

'신에 대한 질문'이라는 어렵게 느껴지는 내용 때문에 이 책을 낭독하는 내내 부모님이 공감하실 수 있으려나 걱정했다. 하지만 책을 거의 다 읽어 갈 무렵, 엄마는 "나는 이번 책이 제일인 것 같더라. 이병철 회장 이야기도 재미있고, 하나님에 대한 내용도 마음에 쏙쏙 들어와 박히던데! 밤에 잠안 올 때, 그거 듣고 또 듣고 하다 보면 마음이 편해지더라"라며 감상문을 남겨 주셨다.

요즘 저는 아버지께 책을 읽어 드립니다

엄마는 30년의 시집살이, 13년 간병인의 삶 속 묵묵히 자리를 지켜 왔지만 마음속으로는 끊임없이 신에게 "왜?"라는 질문을 던졌을 것이다. 그 질문에 하나님은 세상 높은 자리를 차지하고 있던 한 인간의 이야기를 통해 엄마의 삶만 힘든 게 아님을, 하나님은 사랑하는 자에게 자신의 존재를 더 확실히 드러내시기 위해 어려움을 허락하신다는 것을, 그리고 그 어려운 여정 고비고비에 늘 함께해 주셨고 지금도 그렇다는 사실을 다독이듯 조용히 이야기해 주셨던 것 같다.

"아버지! 이 책 들어 보시니 이병철 회장이랑 아버지랑 누가 더 행복한 것 같으세요?"

"당연히 나지! 이렇게 책 읽어 주는 딸내미도 있고, 든든한 기둥 같은 아들도 둘이나 있고, 토끼같이 이쁜 네 엄마도 있으니!"

"저번엔 못된 마귀할멈이라고 하시더니 이젠 토끼요?"

"토끼같이 귀엽게 보기로 했어."

어쩌면 로마서도, 신에 대한 질문도 필요 없을지 모르겠다. 그저 내 자리와 내 식구들이 고맙고 이쁘게 느껴지면 그것만으로도 이 자리에 나를 놓아 둔 신의 사랑을 느낄 수 있으니까. 그 사랑에 대한 믿음이 아버지를 힘 나게 할 테니까. 아버지를 위한 낭독을 멈출 수 없는 이유다.

책이 주는 치유의 기적

사라진 암

세 가지 기도제목

올해 초, 일기장에 세 가지 기도제목을 적어 놓았다.

"첫째가 그림을 그릴 수 있게, 둘째가 운동을 하게, 그리고 제가 '빵과 커피'를 끊을 수 있게 해 주세요."

애니메이션 영화 제작자가 꿈인 첫째는 전학 후 학업에 적응하느라 통 그림을 그리지 못했다. 둘째는 코로나가 터지면서 집안에서 스마트폰과 컴퓨터로만 세상을 만났다. 두 아이의 이런 상황이 엄마로서는 못내 안타까워 기도하기 시작했다. 처음에는 좀처럼 응답받기 어려운 기도제목으로 보였다. 그러나 얼마 지나지 않아 첫째는 희망하던 고등학교에 합격하고 미술학원에 다니며 그동안 머릿속으로 구상하던 아이디어를 펼치기 시작했고, 둘째는 죽고 못 사는 친구와 함께 학교 앞 헬스장에 등록해 몸짱 만들기에 돌입했다. 기도가 응답되었다!

그러나 마지막 기도제목은 더욱 요원한 일 같아 보였다. 아침 한 잔 커피의 향과 갓 구운 빵에서 올라오는 버터의 고고소한 냄새는 내가 죽는 날까지 포기할 수 없는 것이었다. 10년쯤 전, 우연히 만난 건강 관련 책에서 수입된 밀가루 안에 방부제와 살충제가 다량 포함되어 밀가루 음식을 많이 먹으면 나쁜 성분들이 몸에 쌓이게 된다는 글을 보았다. 내 식생활을 돌아보니 문제는 빵이라는 생각이 들어 줄이려고 수도 없이 노력했다. 커피 또한 마시면 가슴이 뛰고 부담이 되어 '하루 한 잔만!'을 외쳤다. 그러나 아무리 외쳐도 결국은 하루에 서너 잔씩을 물 마시듯 마시게 되었다. 커피는 빵을 부르고, 빵은 커피를 부르기에 한 가지만 줄여도 나머지 하나를 줄일 수 있으리라 생각하며 이런저런 시도를 해 보아도 그때뿐, 의지로 되는 일이 아니었다.

나이가 드니 몸매는 둘째치고 건강에 문제가 생기기 시작했다. 속은 쓰리고, 늘 먹는데 허기는 지고, 밥 한 공기를 제대로 먹은 적도 없는데 살들은 언제나 내 몸에 붙어 '그게 네 운명이란다'라고 속삭이고 있었다.

기도를 더 열심히 하는 방법밖엔 없는 걸까?

반복과 지속이 변화를 가져오길

어느 주말 우리 삼 남매와 엄마까지 아버지 옆에 붙어 시중을 들고 있었다. 엄마는 이내 "복도 많은 영감쟁이! 내가 힘들게 낳고 이렇게 다 키워 놨더니 자식들 덕은 자기가 다 보고 있네! 이걸 다 어떻게 갚을 거유?" 하신다. 거기에 아버지는 큰소리로 "죽음으로 갚을게!" 하신다. 겸연쩍고 미안해 농담으로 하신 이야기겠지만 왠지 아버지의 범상치 않은 대답이 마음에 와 남았다.

아버지를 위해 열세 번째 낭독은 《사라진 암》으로 정했다. 이 책의 저자는 전립선암 진단을 받은 후, 수술이나 항암의 일반적인 치료법을 따르지 않고 암의 원인과 몸에 대해 깊게 공부하고 음식, 생활습관, 마음가짐의 변화로 암을 치유한 놀라운 이야기를 전한다. 저자 서문에 "나는 나를 죽였다. 내 몸속에 암이 생겼다는 진단을 받은 나는, 그때까지의 나를 완전히 버렸다. 그리고 지난 1년 3개월, 나는 다시 태어났다"는 대목에서 나는 왜 아버지가 죽음으로 갚겠다고 하신 말씀이 생각났던 걸까?

요즘 저는 아버지께 책을 읽어 드립니다

노인의 가장 큰 관심사는 건강이라니 부모님께도 건강 관련 책이 도움이 될 듯했다. 저자는 건강에 대해 무지하고, 몸에 대해 신경 쓰지 않았던 자신의 생활 태도와 습관이 암을 만든 죄였다고 고백한다.

모든 것이 내 잘못임을, 내게 가장 소중한 것인데도, 내 삶의 근원이요 원천인데도 몸에 대해 알지 못했고, 알려고 하지도 않았던 무지. 그것이 열심히 산 것을 상쇄하고도 남을 크나큰 죄요, 암은 그 죄에 대한 벌이라는 것을 깨달았기 때문이다.

먹는 음식이 달라지고, 생활 습관이 달라지고, 마음가짐이 달라졌다. 육류와 생선, 우유, 계란, 밀가루, 가공식품을 완전히 끊었고, 과일과 채소, 현미 잡곡밥에 채소 반찬을 먹었다. 아침저녁으로 매일 1만 보 이상을 걸었다. 명상과 밝고 긍정적인 생각을 유지했다.[2]

마침내 저자는 암을 극복하고, 나아가 암이 자기 삶의 축복이 되었다고 고백한다. 무엇보다 암을 진단받은 상황에서 두려움을 물리치고 끈질기게 공부하고, 공부한 바를 생활

---

2) 한상도, 《사라진 암》, (사이몬 북스, 2021), 13, 46p.

습관으로 만들었던 저자의 의지가 큰 영감을 준다.

이 책을 낭독하는 3주간 내게도 반가운 변화가 일어났다. 빵과 커피를 줄이게 된 것이다. 처음 한 주는 유혹을 물리치는 게 쉽지 않았으나 시간이 지날수록 야채와 과일의 맛과 영양에 몸이 긍정적으로 반응하니 굳이 빵을 먹을 이유가 없었다. 몸무게가 3킬로그램이나 줄고 피부도 좋아졌다.

책은 역시나 치유의 힘을 갖는 걸까? 아버지도 책에 나오는 '반복과 지속'이란 말이 기억에 남으셨는지, 달력에 적어 놓으라고 하셨단다.

요한복음 5장 6-14절에서 예수님은 38년 된 병자에게 물으신다.

"네 병이 낫기를 원하느냐?"(6절)

예수님의 물음에 병자는 이렇게 답한다.

"선생님, 물이 움직일 때 못에 들어가도록 나를 도와주는 사람이 없습니다."(7절)

자기 처지를 두고 남 탓을 하는 그에게 예수님은 "일어나 네 자리를 들고 걸어가거라"(8절) 명령하시고 덧붙여 말씀하신다.

"더 심한 병이 네게 생기지 않도록 이제 다시는 죄를 짓지 마라."(14절)

요즘 저는 아버지께 책을 읽어 드립니다

죄를 짓지 말라니, 그렇다면 병자는 다 죄인이란 뜻인가? 선뜻 받아들이기 어려웠던 이 성경 속 구절이 이 책을 읽고 나니 어느 정도는 이해가 된다.

하늘은 스스로 돕는 자를 돕는다고 했던가? 올 초 적어 둔 기도제목에 모두 응답받았음을 감사하며, 일기장에 조심스레 새로운 기도제목을 올려 본다. 죽음으로 보답하겠다고 하시던 아버지가 '두려움과 의존'이라는 마음의 벽을 넘어 '반복과 지속'으로 손가락 하나라도, 하루 1밀리미터씩이라도 본인 힘으로 꾸준히 움직이실 수 있도록. 그래서 우리 모두의 마음속에 끝까지 포기하지 않고 땀 흘리시던 아버지의 모습을 남겨 주시기를.

6
영원한 생명

사후생 & 생의 수레바퀴

아버지의 기력이 계속 떨어지고 나아질 기미가 보이지 않았다. 힘이 드시는지 말씀도 통 없고 사람이 옆에 있어도 먼 곳을 응시하시곤 했다. 늘 또렷한 눈빛으로 핵심을 찌르는 말만 하시는 아버지에게서 본 적 없는 낯선 모습이었다. 아버지는 내게 특별한 요청을 했다.

"말기 암환자들 방문해서 위로해 주는 사람들 있지?"

"호스피스요?"

"응. 그 사람들 좀 불러 주면 좋겠어."

"겁나세요?"

"응. 마지막에 고통이 심하다잖아."

"네. 알아볼게요."

몇 년 전 집 근처 문화센터서 '삶과 죽음에 대한 성찰'이라는 수업을 들었던 기억이 났다. 호스피스 운동을 시작했던 엘리자베스 퀴블러 로스(Elizabeth Kubler Ross) 박사에 대해 배웠다. 로스 박사의 여러 저서 중, 죽음 이후의 삶의 이야기를 정리한 《사후생》이라는 책 내용이 아버지께 위로가 되어 드릴 수 있을 것 같았다. 다만 죽음학이라는 개념이 우리 문화에서는 낯설고, 내용도 다소 허구적으로 느껴질 수 있기에 로스 박사의 자서전인 《생의 수레바퀴》의 에필로그를 통해 그녀가 어떻게 인간의 죽음에 관심을 갖게 되었는지 알려드리는 것도 의미가 있을 듯했다.

로스 박사는 사고나 질병으로 죽음의 경계선을 드나들다 다시 살아난 '근사체험자'들의 경험을 종합해, 죽음의 여정에서 일어나는 일들을 다음과 같이 정리해 놓았다.

첫째, 죽음은 우리 존재 자체가 없어지는 것이 아니라, 필요 없어진 또는 더 이상 기능하지 않는 육체를 벗어 버리는 과정이다.

둘째, 영혼은 남아 잠깐 이생에서 벌어지는 일들을 바라보며, 먼저 죽음을 맞이했던 가족이나 친구 또는 신의 존재를

만나게 된다. 이때 몸에 장애나 병이 있었던 사람들은 온전
해진 몸을 갖는 경험을 한다.

셋째, 곧 찬란한 빛을 만나며, 스스로가 인생의 장면 장면
을 되돌아보며 삶을 되짚어 보는 과정을 거친다. [3]

로스 박사는 말기암에 걸린 어린아이에게 편지를 보냈는
데, 거기에 다음과 같은 내용이 있다.

우리가 지구에 보내져 수업을 다 마치고 나면 몸은 벗어 버
려도 좋아. 우리의 몸은 나비가 되어 날아오를 누에처럼 아
름다운 영혼을 감싸고 있는 허물이란다. 때가 되면 우리는
몸을 놓아 버리고 영혼을 해방시켜 걱정과 두려움과 고통
에서 벗어나 신의 정원으로 돌아간단다. 아름다운 한 마리
의 자유로운 나비처럼 말이다. [4]

그녀는 무엇보다 죽음을 직면한 사람들의 손을 잡아 주며
그들에게서 얻은 지혜를 산 자들에게 나누어 주는 것을 평
생의 소명으로 삼았다. 《생의 수레바퀴》 끝에서는 이런 이야

3) 엘리자베스 퀴블러 로스, 《사후생》, ((재)대화문화아카데미, 2020), 19-32p.
4) 엘리자베스 퀴블러 로스, 《생의 수레바퀴》, (황금부엉이, 2019), 32-33p.

요즘 저는 아버지께 책을 읽어 드립니다

기를 남긴다.

삶의 유일한 목적은 성장하는 것이다. 우리의 궁극적인 과
제는 무조건적으로 사랑하고 사랑받는 법을 배우는 것이
다. 지구에 태어나 할 일을 다하면 이 세상에서의 마지막
날에도 자신의 삶을 축복할 수 있다. 죽음은 두렵지 않다.
죽음은 삶에서 가장 멋진 경험이 될 수 있다. 그것은 그 사
람이 어떻게 살아가느냐에 달려있다. 더 많은 사람에게 더
많은 사랑을 주는 것, 그것이 내 바람이다. 영원히 사는 것
은 사랑뿐이기 때문에….[5]

책의 내용을 가지고 아버지와 대화를 나눴다.

"아버지 죽음을 너무 두려워하지 않으셔도 될 듯해요. 책
에 보면 사후엔 돌아가신 가족이 나와서 따뜻하게 맞아 준
다잖아요. 아버지는 누가 나와 맞아 줄 것 같으세요?"

잠시 생각하는 듯하더니 그러신다.

"누군 누구야. 돌아가신 어머니겠지. 그런데 하도 오래돼
서 알아보실 수나 있을지 몰라."

"그건 걱정 안 하셔도 되지 않을까요? 적어도 하늘나라

---

5) 엘리자베스 퀴블러 로스, 앞의 책, 28-29p.

에 가시는 순간에는 지금의 모습이 아닐 거예요. 중학교 시절 늠름한 배구선수의 모습이거나, 아들들과 야구공을 주고받던 젊은 아빠의 모습이지 않을까요? 그럼 돌아가신 할머니도 애지중지하시던 장남을 곧 알아볼 수 있으실 거예요."

그 사이 손흥민 선수가 프리미어리그의 득점왕으로 선발되고, 국가대표 팀 주장으로 외국 팀과 축구 시합을 하게 되었다. 평생 열혈 축구 팬이신 아버지는 축구 시합을 챙겨보시더니 힘이 조금 나신 듯했다.

"손웅정 씨 책을 읽고 나니 손흥민이 잘하는 게 더 대단하게 느껴져."

아버지와 함께 읽어 온 책들이 아버지와 내가 같이 보고 느낄 수 있는 세상의 창문을 활짝 열어 주었음이 분명하다!

아버지의 축구 사랑을 쏙 빼닮은 외손자를 오랜만에 만나 한참을 축구 이야기로 꽃을 피우시더니 손자가 축구를 알아도 제대로 안다며 아주 기특해하신다.

"그래, 경기 결과가 어찌 될 것 같으냐?"

"2대 1 정도로 우리나라가 승리하지 않을까요?"

믿음직한 손자의 예측에 아버지는 행복한 미소를 지으신다. 그때 아버지 때문에 마음 졸이던 엄마가 상기된 목소리로 말씀하신다.

요즘 저는 아버지께 책을 읽어 드립니다

"어제 보니 아버지 팔순에 사 드린 난에 자줏빛 꽃봉오리가 여럿 올라와 있더라!"

호스피스를 불러 달라던 아버지의 마음이 너무 성급하셨던 걸까? 어쨌든 그 덕에 우리 가족이 죽음이라는 과제의 답안지를 미리 엿보게 된 것 같기도 하다. 시험 날짜가 미뤄졌다면 우리가 할 일은 그저 감사한 마음으로 내 자리를 지키며, 열심히 사랑하며, 오늘을 사는 것이리라.

7
하나님의 스카웃 제의

나이 듦의 영성

영성이란

이어령 교수는 70세가 넘어 세례를 받고 크리스천이 되었다고 한다. 그의 저서 《지성에서 영성으로》에서, 그가 크리스천으로 세례를 받게 된 배경에는 딸 이민아 목사의 삶과 기도가 있었다고 고백한다. 이혼, 자녀 문제, 암 투병, 실명 위기 등 한 사람의 인생에 일어난 일이라고는 믿기 어려울 정도의 많은 고난을 겪고도 불우한 청소년을 도우며 살았던 이민아 목사의 희생적이며 아름다운 삶은, 이어령이라는 한 시대를 대표하는 무신론자를 '하나님의 아들'로 변화시키고, 인생 마지막에 '영성이 길이다'라는 화두를 던지게 했다.

요즘 저는 아버지께 책을 읽어 드립니다

영성이란 무엇일까? 사전을 찾아보면, 기독교적 관점에서는 하나님을 믿고 거듭난 모든 자녀에게 주어진 영적인 성품을 말하며, 그 형태로는 하나님과 인간에 대한 온전한 사랑, 말씀에 기초한 통찰과 능력, 그리고 하나님의 신비에 대한 깨달음을 갖는 것이라 나와 있다. 철학적 관점에서는 개인으로 하여금 자신, 타인 및 상위 존재와의 의미 있는 관계를 유지시키며 신체, 영혼, 마음을 통합하는 에너지라고 정의되어 있다. 쉽게 이해되지 않는다.

나도 신앙을 가지면서 자연스레 영성에 관한 관심이 생겨 책도 많이 읽고 강연도 들었다. 짧은 내 식견으로 쉽게 설명해 본다면, '영성이란 인생이 내 마음대로 살아지는 게 아니니, 우리 인생을 주관하시는 하나님의 힘이 있다는 걸 인정하고, 하나님의 생각이나 세상 운영의 원리를 깨닫고 그대로 사는 것' 정도가 아닐까. 그러자니 무엇이든 할 수 있을 것 같은 젊고 팔팔한 나이에 영성을 갖기란 쉽지 않다. 은퇴 후 노년의 힘 빠짐이 축복인 것이다.

하나님의 스카우트 제의

아버지께 읽어 드릴 다음 책으로 《나이 듦의 영성》을 골랐다. 이 책에서는 노년이야말로 평생 부어 주신 하나님의 사랑을 깨닫고 그 사랑을 넉넉히 타인에게 나눠줄 수 있는 최고의 시기라고 이야기한다. 한마디로 복 받을 시기, 복을 흘려보낼 수 있는 시기라는 뜻이다. 그리고 보면 성경에서도 많은 인물이 노년에 하나님을 만나 복을 누린다.

특히 창세기에서 하나님은 아브라함이 75세일 때 '복의 근원'이 될 것이라고 약속하신다. 혼자 복을 누리는 것이 아니라 복의 근원, 즉 '복을 흘려보내는 사람'이 될 것이라는 약속을 노년에 받은 것이다. 하나님을 모르던 아브라함은 두려움이 많고 눈앞에 있는 자기 이익만을 챙기던 사람이었으나, 나이 들어서야 하나님을 만나 담대해지고 마음이 넓은 사람이 된다. 하나님의 약속대로 아브라함은 복 받는 사람, 복이 흘러나가는 사람의 표상이 되어 유대 민족이 세계를 지배하는 정신이 되었다.

부모님께 책을 읽어 드리며 아버지 엄마의 노년에 조금이라도 힘이 되어 드릴 수 있으니 감사하다고만 생각했다. 그런데 얼마 전 친구의 한마디가 내 생각을 바꿔 놓았다.

"너도 대단한데 그걸 다 들으시는 부모님도 대단하시다!"

생각해 보니 친구의 이야기가 맞다. 짧으면 15분, 길면 30분가량의 녹음 파일을 매일 빼놓지 않고 듣는다는 게 보통 어려운 일이 아니다. 주변 지인이 보내 주는 목사님 말씀도 매일 챙겨 듣기 어려워 며칠씩 빼놓고 넘어가기 일쑤인데, 기억하는 한 엄마는 내가 보내 드린 파일을 2년 동안 단하루도 듣지 않으신 적이 없다. 간병에 지쳐 대상포진에 방광염에 고생해도, 딸이 보내 준 파일이라 빼놓지 않고 듣는다고 하셨다. 지난 2년 동안, 아니 평생, 나는 그런 눈물 나는 사랑과 응원을 받았다.

엄마는 평생을 그렇게 자식 일이라면 열 일 제쳐두고 온마음을 다 쏟으셨다. 어릴 적부터도 학교에 입고 간 옷이 맘에 들지 않는다고 툴툴대면 그날 저녁 침대 머리맡엔 새 옷이 놓여 있었고, 고등학교 3학년 자율학습이 끝나고 독서실 가는 길엔 엄마가 하루도 잊지 않고 준비해 주신 맛있는 간식이 함께였다. 내가 필요로 할 때는 분당 집에서부터 서울의 학교나 직장까지 언제고 기사를 자청하셨다.

사실 엄마는 자식뿐 아니라 가족 누구에게나 그렇게 진심으로 최선을 다하고 사셨다. 그래서 친가 식구들이건 외가 식구들이건 엄마라면 고마워하고 아낀다. 엄마의 딸인 것만으로 나도 존중받고 그 복을 누리고 산다. 엄마로부터 시작된 복이다.

성경을 읽고 부모님께 책을 읽어 드리기 시작하면서 부모님과의 관계뿐 아니라, 다른 사람, 심지어 자연과의 관계도 좋아졌다. 특히 나이 지긋하신 분들은 특별히 애정 어린 눈으로 봐 주시며 맛있는 음식도 해 주시고, 선물도 주시고 또 건강 정보도 보내 주신다. 나이 드신 분들과 좋은 관계를 유지하니 세월이 그분들 안에 쌓아 놓은 지혜를 만날 수 있어 좋다. 미리 노후의 삶을 엿보며 오늘의 내 삶의 운동화 끈을 조여 맬 수 있으니 참 복이다. 이 또한 고난 속에 사시는 엄마, 아버지께로부터 온 복이다.

아버지 사고 후, 엄마는 늘 "하늘도 무심하시지. 평생 할 도리 다하려고 하고, 받는 것보다는 주는 게 좋아서 살았는데 이게 무슨 날벼락이니?" 하셨다. 하나님을 모르고도 복을 흘러보낼 줄 알던 엄마, 그런 엄마를 지지해 주고 믿어준 아버지. 하나님은 그런 두 분을 사랑하셔서 하나님의 존재를 알려 주고 싶으셨던 것 아닐까? 아브라함이 그랬듯 고난을 통해 더 강한 존재로, 더 많은 사람에게 희생 속 사랑의 힘을 보여 줄 수 있는 존재로 높여 주려는 하나님의 뜻이 아니었을까?

하나님을 믿음으로, 더 큰 복의 근원이 되게 하고 싶다는 하나님의 스카우트 제의가 아니었을까?

요즘 저는 아버지께 책을 읽어 드립니다

8

고난의 마법

정약용 코드

고난이라는 마법

낭독할 책을 고르는 일은 쉽지가 않다. 읽는 사람은 물론, 듣는 사람까지 빠져들게 하려면 지식으로 일관된 책은 지루하기 마련이다. 이야기 전개가 흥미롭고, 등장인물도 여럿 되어 실감 나는 연기까지 할 수 있다면 금상첨화다.

그날도 서점에 들러 습관적으로 낭독할 책을 찾아보던 중이었다. 《정약용 코드》라는 책이 눈에 들어왔다. 다산 정약용! 내가 제일 좋아하는 역사 속 인물이다. 이유는 잘 모르겠지만 언젠가부터 《목민심서》 등 정약용의 저서는 물론, 그의 사상과 삶에 관한 책들을 사서 읽곤 했다. 심지어 남산도서관 앞에 서 있는 그의 동상을 올려다보며 그와 상상 속 묵언의 대화까지 하는 걸 보면 내 팬심은 진심인 듯하다. 책을 훑어보니 역사 속 인물을 다뤘지만, 낭독도 가능하겠다 싶었다. 시대상에 대해 재미있고 쉽게 설명이 되어 있었고, 정약용이란 인물을 요즘 유행하는 '통섭형 인재'의 측면에서 설명하고 있었다. 손주들 교육에 관심이 크신 부모님께도 흥미로운 내용이 될 듯했다.

정약용의 일생은 참으로 극적이다. 좋은 집안에서 태어나 특출한 총명함을 갖추었던 그는 정조에게 발탁되어 젊어서부터 권력을 누린다. 정조와 정약용은 각별한 사이였다. 유학뿐 아니라 공학, 음악, 의술 등에도 정통한 실학자 정약용은 자신을 신임해 주는 정조를 위해, 또 백성을 위해, 사회를 개혁하고 싶어했다. 조선 후기는 나라로서 당연히 갖춰야 할 시스템은 부재하고, 부정부패가 사회에 곳곳에 판을 치고 있었다. 권력을 쥐기 위한 양반들의 당파 싸움 속에서 백성들의 삶은 나날이 힘들었다. 그런데 그 무렵 마침 평등사상을 바탕으로 한 천주교의 교리가 조선에 들어왔다. 세상을 개혁하겠다는 의지를 가진 정약용 형제들은 천주교 교리 공부 모임을 통해 조선 개혁을 꿈꾼다.

그러나 유교의 나라 조선의 학자들에게 천주학은 체제를

요즘 저는 아버지께 책을 읽어 드립니다

전복할 가능성이 있는 위험한 사상으로 받아들여져 천주교도들은 지속적으로 박해를 당한다. 결국 정약용과 형 정약전은 배교함으로 목숨만을 부지해 각각 강진과 흑산도로 유배를 가게 되고, 동생 약종은 순교한다. 임금의 총애를 얻던 관리에서 땅끝 유배 죄인의 처지가 된 정약용. 18년 유배생활이라는 고난의 시간 동안 그는 500여 권이 넘는 책을 쓰며 조선 최고의 실학자로 다시 태어난다. 바닥에 닿은 복사뼈가 세 번 뚫렸을 정도로 학문에 매진했다던 그의 업적이 전 세계에 알려지며, 정약용은 2012년, 동양인 최초로 유네스코 세계기념인물로 선정된다.

그가 잘 나가는 관료로 무사히 생을 마쳤다면 그같이 많은 저술이 나올 수 있었을까? 지금처럼 이 나라의 가장 존경받는 학자 중 한 사람으로 자리매김할 수 있었을까? 아마도 그건 어려웠을 듯싶다. 정약용의 유배생활은 그와 그의 가족에겐 고되고 힘든 시간이었지만, 정작 본인에게는 스스로를 뛰어넘을 수 있는 디딤돌이 되었던 듯하다. 고난의 시간이 빚어낸 역사의 마법이다.

대야 만해진 마음 그릇

엄마와 전화 통화를 하며 "뭐 하고 계셨어요?" 하자 "오늘 아버지 똥 작업하는 날이잖아. 다 끝내고 밥 한술 뜨는 중이야" 하신다. "또 라면 드세요?" 하니, "아니 요즘은 이런 날도 아무거나 잘 먹어. 이젠 다 익숙해졌어" 하신다.

아버지가 자리에 누우신 후, 오랫동안 엄마는 아버지 대변 수발하는 날엔 꼭 매운 라면을 드셨다. 도저히 비위가 상해 다른 음식은 드실 수 없다고 했다. 비행기 화장실 냄새와 음식 냄새를 힘들어할 정도로 후각이 예민하신 엄마가 괴로운 일상을 13년간 버텨 오시는 동안, 자신을 뛰어넘어 쉽지 않은 순간조차 웃으며 넘기실 수 있게 된 것 같다. 수술 후 고생하는 성당 자매님을 위해 새로 담근 김치와 반찬도 가져다 드리고 오셨단다.

옛이야기 하나가 떠올랐다. 수련하는 제자가 수련 과정이 어렵다고 불평했다. 스승이 물 한 컵에 소금 한 컵을 붓고는 제자더러 그 물을 마셔 보라고 했다. 제자는 물을 맛보고 이내 얼굴을 찡그렸다. 스승은 다시 그만큼의 소금을 들고 제자와 함께 집 앞 호수로 갔다. 호수 물에 담아 온 소금을 붓고 그 물을 한 컵 떠서 제자한테 마시게 했다.

"이것도 짜냐?"

"아닙니다. 전혀 짜지 않습니다."

"달라진 건 소금을 담는 물의 양이지 소금의 양은 같았다.

요즘 저는 아버지께 책을 읽어 드립니다

너도 수련의 고단함을 대하는 네 마음 그릇의 크기를 키우도록 해라."

장사꾼 됫박처럼 깎아 잰 듯 자기만을 챙기던, 그래서 '불여우' '깍쟁이'라는 별명이 늘 따라다녔던 엄마의 마음 그릇은 시집살이 30년으로 김장용 대야 만해지더니, 노년 13년동안 남편 병시중하며 이젠 작은 호수가 되어 그 마음에 하늘빛을 담게 된 것 같다. 나도 어쩌다 불편한 상황을 마주하면 소금물 이야기를 떠올린다. 호수는 못되어도 양푼 정도는 될 수 있지 않을까? 그러다 보면 불편한 마음은 이내 사라지고 상황을 지혜롭게 넘길 수 있게 되는 듯하다.

작은아이가 고등학교에 지원하면서 온라인으로 인터뷰를 했다. 가장 존경하는 인물이 누구냐는 질문에 아이는 잠시의 망설임도 없이 답을 한다.

"우리 할머니입니다. 할머니는 지난 13년간 몸이 마비된 할아버지를 간호하시면서 돌보고 계십니다. 세상에서 가장 맛있는 음식을 해 주시고, 따뜻한 손길로 저희를 안아 주십니다. 저도 할머니처럼 아픈 사람을 도와줄 수 있는 의료 기업을 만드는 게 꿈입니다."

고난이 빚어 낸 또 하나의 마법의 순간이다.

전신갑주 ⓒ 김소영

Part 4

나는 사랑이니
너희도 사랑하라

1
사랑은 언제나 고난을 이긴단다

요한복음

진정 치유의 힘을 가진 책

지루하던 겨울의 터널을 지나 봄이 되자 몇몇 지인들의 부모님 부고가 날아들었다. 어르신들은 추운 겨울나기가 쉽지 않다고 하는 이야기를 들은 적이 있다. 남 일 같지 않아 부고 소식을 적은 메시지를 한참 들여다보았다.

작년만 해도 동창들 중 당신이 가장 오래 살 듯하다며 자신감을 내비치시던 아버지도 봄이 시작되자 방광염 증세로 열도 오르락내리락하고 기운이 급격하게 떨어지셨다. 좋아하던 스포츠 중계도 못 보시고 계속 잠만 주무신다며 엄마도 한숨을 내쉬셨다.

"사람이 죽기 전에 저승잠을 잔다더니, 이젠 하늘이 데려가나 보다."

예전엔 기운이 떨어졌다가도 곧 다시 회복하곤 하셨는데 이번엔 좀 다른 것 같다. 몸은 못 움직이시지만 정신만은 젊은 사람도 못 따라갈 정도로 꼬장꼬장 명철하시던 아버지도 힘이 떨어지시니 대화조차 쉽지 않다.

기분이 어떤지 물으니 "구슬퍼" 하신다. "왜요? 이렇게 끝나는 게 아닌가 하는 생각이 드세요?" 하는 물음에 고개를 끄덕이신다. 기운을 못 차리시는 아버지를 보니 집으로 향하는 발길이 떨어지지 않았다.

문득 아버지 생각을 할 때마다 말 못할 먹먹함이 가슴 한편을 누르는 듯하다. 이른 봄 찬란한 햇빛 아래 빛나다가, 하룻저녁 봄비에 온통 바닥에 몸을 붙이고 누워 있는 벚꽃잎을 보듯 애처롭고 허무했다.

이건 내가 그동안 책을 읽어 드리며 그려 온 결과와는 완전히 상반되는 상황이었다. 책의 치유 효과와 함께 딸의 사랑하는 마음이 전해져, 아버지가 일어나지는 못하셔도 조금씩이라도 좋아지는 그런 이야기여야 하지 않나? 어쩌면 아버지가 내 낭독을 들으실 수 있는 날도 얼마 남지 않았을 지 모른다는 생각을 하니 난 무얼 해야 하나 하는 물음이 생겼다.

일단 성경을 읽어 드려야겠다. 과연 아버지가 성경을 마음으로 받아들이실 수 있을까 걱정이 되는 만큼 아버지의 마음을 열기 위해 어버이날을 맞아 부모님께 드리는 편지와 함께 낭독을 시작했다.

"사랑하는 아버지, 엄마!
오늘이 어버이날이에요. 낳아 주고, 길러 주고, 또 오랜 노년의 고난 속에서도 흔들리지 않고 우리 삼 남매의 든든한 뿌리가 되어 주심을 감사드려요.
아버지 엄마와 함께 책을 읽기 시작한 게 지난해 5월 초이니 딱 1년이 되었어요. 열다섯 권 이상의 책을 함께 읽는 동안은 두 분의 딸임을 감사하게 되었어요.
지난번 책을 끝내고, 이번엔 어떤 책을 읽을까 고민하면서 책방에도 가 보고, 도서관에도 가 보고, 또 독서 선생님께 자문도 구해 봤지만 마땅치가 않더라고요. 그러던 와중에 힘이 많이 떨어지시고 열도 오르락내리락하는 아버지 모습을 뵈니 마음이 많이 안타까웠어요. 그러다 보니 진정한 치유의 힘을 갖는 책을 고르고 싶었어요.
그래서 고른 책이 신약성경의 요한복음서예요. 그동안 수많은 책을 읽었고, 책장에만도 수백 권의 책이 꽂혀 있지만, 만약 불이나 지진이 나서 단 한 권의 책만을 가지고 나가야 한다면 전 단연코 성경을 고를 거예요. 성경만큼 재미나는 이야기가 가득하고, 진리가 담겨 있고, 치유의 힘을 가지고 있는 책은 없다고 믿으니까요. 요한복음에는 예수 그리스도가 많은 사람을 치유하시는 이야기들이 담겨 있습니다.

아버지와 함께 읽었던 첫 책 《로빈슨 크루소》 생각나시죠? 로빈슨 크루소가 28년이란 긴 시간을 무인도에서 혼자 살아남을 수 있었던 비결은, 아마도 성경책을 통해 하나님을 만났기 때문일지도 모르겠습니다.

아버지, 저를 믿어 주시는 만큼, 마음을 열고 들어 주세요. 그래서 예수님께 생명의 힘을 얻고, 두려움과 구슬픈 마음을 위로받으시길 기도해요. 저도 딸로서 간절한 기도를 담아 최선을 다해 읽어 볼게요.

아버지, 엄마, 사랑하고 감사합니다."

고난이 사랑이 되어

다른 책을 읽어 내려갈 때보다 몇 배 더 간절하게, 기도하는 영혼의 힘을 그러모아 한 문장 한 문장씩 읽어 내려갔다. 예수 그리스도가 십자가에 못 박혀 "다 이루었다"며 죽음을 맞이하는 장면에선 알 수 없는 미묘한 여러 감정이 뒤섞여 녹음 버튼을 멈추고 한참을 깊은 호흡을 내쉬고 나서야 다시 시작할 수 있었다.

마음이 전해졌는지 요한복음의 낭독을 마친 날 동생에게 메시지가 왔다.

"요한복음을 읽으며 예수님을 느꼈는데 그때의 감동이 되살아나는 것 같았습니다."

아버지가 걱정되는 마음이 날 자꾸 친정으로 끌어당겨 마치 주일 친정에 가기 위해 한 주를 사는 듯했다. 이전엔 아로마오일로 손발 마사지도 해 드리곤 했는데, 이제 아버지는 손이 닿기만 해도 아프시다며 물리치셨다.

엄마는 "올해는 네가 팔순에 사드린 난에 꽃이 안 피었어. 매해 철마다 진분홍 꽃이 올라왔었잖아. 저렇게 허망하게 가게 되면 네 아버지가 너무 불쌍해서 어쩌니" 하시고는 눈물을 글썽이신다. 엄마는 아버지 사고 후에 눈물이 말랐다고 했다. 좀처럼 울지 않는 분이다. 13년을 지긋지긋하게 고생했어도, 50년 넘게 함께 산 남편에게 생의 마지막 그림자가 드리운 듯하니 눈물을 숨길 수는 없나 보다.

새벽 내 대변 수발을 하고 난 엄마에게 아침에 뭔가를 또 요구하시니 엄마는 힘이 들어 사람을 그만 들볶으라고 매몰

요즘 저는 아버지께 책을 읽어 드립니다

차게 쏘아붙이고 방을 나가 버리신다. 그런 엄마를 보며 아버지는 "내가 이렇게 되니 네 엄마가 속상해서 그러는 거야" 하신다. 그렇게 아버지는 엄마의 마음을 헤아려 주셨다.

기운이 없어도 유독 손주들 이야기를 궁금해하시는 아버지에게 "아이들이 다 똑똑해요. 김 씨 집안 다섯 손주가 저마다 잘될 거예요" 하니, 핏기 없는 그 얼굴에 함박웃음이 떠오른다. "그게 그렇게 좋으세요?" 하니 "그럼! 그것만큼 좋은 게 어디 있어!" 하신다. 그러더니 엄마를 향해 "할무이! 손주들이 다 잘될 거래. 꼭 그 모습 다 보고 와요" 하신다.

부모님 결혼기념일에 동생 내외가 선물했다는 꽃다발 속 흐드러지게 핀 작약도, 수줍은 장미 봉오리도 두 분의 52년 결혼생활의 굽이굽이마다 떠오르는 희로애락의 향기를 이야기하는 듯했다.

"아버지, 다음 주에 또 올게요" 인사를 드리니 아버지가 나를 또렷이 그리고 한참을 바라보셨다. '내 사랑하는 딸 고맙다'라고 말하는 아버지의 마음이 와 닿았다. '아버지! 나도 아버지의 딸인 게 자랑스럽고 감사해요. 부디 잘 버티세요' 속으로 이야기하며 오랫동안 아버지의 눈을 마주보고 서 있었다.

지난 1년간 아이들을 학교 보내고 책상에 앉아 목소리를 가다듬고 책장을 넘기던 나의 순간들이, 그리고 병상에서 빼놓지 않고 딸의 목소리에 귀를 기울이시던 아버지의 순간들이 우리 마음 깊은 곳에 자리 잡고 있던 서로를 향한 깊은 사랑을 일깨워 준 듯하다. 그 무엇과도 바꿀 수 없는 귀한 선물이다.

《오즈의 마법사》에서 뇌가 없는 허수아비는 지혜를, 심장이 없는 양철나무꾼은 사랑을, 겁쟁이 사자는 용기를 갖고 싶어 한다. 이 모든 걸 오즈의 마법사가 줄 거라 믿으며, 마법사를 만나기 위해 길을 떠난다. 그 여정에서 그들은 여러 고난을 극복해 가며 이미 자기 안에 숨겨져 있던 지혜, 사랑, 용기를 발견한다.

2010년, 아버지의 수술 후 퇴원을 준비하는 엄마에게 담당 의사 선생님은 재정 상태를 물으셨다고 한다. 이런 환자가 집안에 있으면 3년 안에 가족들끼리 원수가 된다면서 말이다. 13년이 지난 지금, 우리 가족은 여전히 서로 사랑하고, 돌보고, 애달파하면서 살아간다. 많은 시간 아버지를 돌보아 온 엄마와 막냇동생은 의사가 다 되었다. 그뿐인가. 1급 장애인 아버지를 모시고 전국 각지를 스물다섯 번이나 여행했다. 84세 할아버지부터 열두 살 막내 조카까지 온 가족이 명절이나 생일이면 빠지지 않고 모여 맛있는 음식을 나눠 먹으며 선물을 주고받는다. 지난 13년은 매 순간 힘들었지만 돌아보면 그 시간이 쌓여 우리 안에 숨어 있던 지혜와 용기, 그리고 가족에 대한 굳은 사랑의 존재를 밝혀 주었던 것 같다.

요한복음 속 예수님의 메시지는 "나는 가니 너희는 서로 사랑하라!"였다. 어쩌면 사고 이후 아버지의 침상 곁에는 예수님이 앉아 내내 우리에게 귓속말로 일러주고 있으셨는지도 모르겠다.

"언제나 사랑이 고난을 이긴단다!"

2
사랑은 오래참고

창세기

엄마 고생 좀 그만하게 해 주세요

엄마가 갑상샘 항진증 진단을 받으셨다. 아버지가 봄에 컨디션 난조를 보이시자 몇 달을 매달려 간호하신 데다, 코로나 4차 백신 접종까지 받으신 후 지치신 것 같았다. 그 무렵 나는 아이들이 연수를 받게 되어 미국에 2주간 다녀와야 했다. 떠나는 마음이 무거워 엄마에게 메시지를 보냈다.

"급한 마음 내려놓으시고 뭐든 천천히 하세요."

"이 상황에서 느리게 하면 살아지니 어디? 걱정하지 말고 갔다 와. 조심할 거야."

출발하기 전, 미국에 가 있는 동안 어떤 책을 읽어 드리면 좋을지 고민하다가 "손주들이 다 잘되는 것 이상 좋은 게 어디 있나"라고 하셨던 아버지의 말씀과 함께 창세기 속 아브라함이 떠올랐다. 별처럼 많은 후손과 땅과 함께 복의 근원이 될 것이라는 언약을 받은 그의 이야기가 아버지에게 영감을 주지 않을까 하는 기대가 생겼다. 창세기는 천지창조로 시작해 아담과 하와, 가인과 아벨 등 익숙한 이야기들이 등장해서 믿음이 없어도 재미있게 읽을 수 있는 책이라고 생각했다. 또한 목표로 하고 있는 로마서에도 창세기 속 아브라함의 이야기가 나오니 도움이 되겠다 싶었다.

미국에 있는 동안 사촌 동생 집에서 지냈다. 사촌 동생은 이민 2세인데, 같은 이민 2세인 중국계 제부를 만났다. 그 집에는 자신들의 뿌리를 잊지 않으려는 듯 양가 부모님과 조부모님들의 사진, 물려받은 유품들이 곳곳에 진열되어 있었다. 그 사이로 돌아가신 외할아버지가 직접 쓰신 글귀도 눈에 들어왔다. 유교 경전 《대학(大學)》에 나오는 "수신제가 치국평천하(修身齊家治國平天下)"와 "사랑은 오래 참고…"로 시작하는 고린도전서 13장 구절이 가지런한 글씨체로 쓰여 있었다. 할아버지가 엄마 결혼식 전날 해 주셨다는 말씀이 기억났다.

"세상에는 꼭 필요한 사람, 있으나 마나한 사람, 있어서

는 안 되는 사람이 있다. 너는 어디서든 꼭 필요한 사람이
되어라."

할아버지의 주문대로 엄마는 우리 집안에 꼭 필요한 사
람으로서 지난 52년을 살아오셨다. 액자 모서리에 붙어 있
는 빛바랜 사진 속 할아버지 얼굴을 뵈니 왠지 모르게 기도
가 흘러나왔다.

"엄마 고생 좀 그만하게 해 주세요."

주어진 거니 또 감당을 해야지

2주간의 일정을 마치고 귀국해, 친정부터 들렀다. 엄마가
계속 마음에 걸렸다. 엄마 얼굴을 보자마자 그동안 어땠는
지 물었다. 다시 컨디션이 회복된 아버지가 이것도 먹고 싶
다, 저것도 해 와라 주문이 많으시단다. 그런데 엄마는 뜻밖
의 이야기를 해 주셨다.

"어젯밤에도 똥 기저귀를 여덟 번이나 갈았어. 그래도 다
이유가 있겠지. 하나님이 이유가 있어서 살려 둔 거겠지. 어
쩌겠니? 주어진 거니 또 감당을 해야지. 이젠 내 힘으로 안
되니 하나님 알아서 해 달라고 기도한단다."

그러면서 엄마는 창세기 이야기를 꺼내셨다.

"너 읽어 주는 천지창조 이야기가 참 좋더라. 엊그제 보낸

거는 들으면서 '애가 왜 이렇게 잘하지?' 하고 놀랐어. 인물들의 목소리를 아주 잘 살리더라고. 난 요즘 스님 설법이나 신부님 강의 대신 네가 보내 준 걸 들어. 그걸 들으면 마음이 차분해지면서도 좋아. 내용은 둘째 치고 딸의 목소리를 듣는 것만으로 좋아."

손발 마사지를 해 드리니 너 힘드니 하지 마라 하시면서도 마시지 받으시는 얼굴이 행복해 보였다.

"난 남 부러울 거 없어. 젊은 시절 일은 많이 했어도 하고 싶은 일은 다 했고, 후회도 여한도 없어. 착한 아들딸도 있고."

엄마의 언어가 변했다. 예전엔 하나님이 어디 있냐며 화를 내시던 분이, 나는 제발 자는 듯 죽을 수 있게 해 달라고 너네 하나님께 부탁 좀 하라시던 분이, 이젠 밤새 똥 기저귀를 여덟 번 갈고서도 하나님의 더 큰 뜻이 있을 거라고 하신다. 그 힘든 와중에도 엄마의 마음이 바뀌어, 고난 자체보다 그 뒤에 숨겨진 더 큰 뜻을 생각하실 수 있다니. 막내딸을 아끼고 의지하시던 외할아버지가 내 기도에 힘을 보태 주셨나?

애초 기대와 다르게 아버지는 "나는 무슨 소리인지 하나도 재미없다"며 창세기를 안 들으신단다. 태평양 넘어서도 매일 목소리를 가다듬고 녹음해 보내 드린 성의가 무색하게 뒤로 밀어 두셨다니 허탈했다. 그래도 사랑은 "모든 것을 덮어 주고 모든 것을 믿으며 모든 것을 바라고 모든 것을 견딥니다"(고전 13:7)라고 했으니, 거기에도 또한 하나님의 뜻이 있을 것이라 믿는다.

다음 책을 고민해야 했다. 아무래도 아버지께 성경은 무리였던 걸까? 다시 아버지가 좋아하시는 축구 힘을 좀 빌려야 하나 보다. 예전에 사 둔 이영표 선수 책을 뒤적여 본다.

3

사랑의 시나리오

출애굽기

영화 십계와 출애굽기

아버지가 좋아하는 축구선수 이영표 씨의 묵상집을 들고 친정에 들렀다. 아버지는 들으시는 내내 이게 정말 이영표 선수가 쓴 책이 맞느냐면서 놀라워하셨다. 묵상집이다 보니 하나님 이야기가 곳곳에 나오는데도 아버지는 별다른 반감 없이 들으셨다. 이번 책 선정도 성공적인 듯했다.

그렇게 몇 주가 지났다. 책의 마지막 장은 어김없이 넘어가고, 다음 책 선정의 시간이 찾아왔다. 항상 축구선수 관련 책이나 에세이만 들려드릴 수 없으니 고민이 되었다. 사실 듣기에는 이야기책이 재미있고 몰입하기도 좋다. 게다가 아버지도 다양한 인물이 나오고 서사가 있는 이야기가 재미있다고 말씀하셨다. 책 선정을 놓고 고민하고 있으니 남편이 "벤허"나 "엑소더스"처럼 성경이 배경이 된 영화를 보여드리면 어떠냐고 조언해 주었다. 어렴풋이 홍해가 갈라지는 장면이 나왔던 옛 영화 생각이 났다. 그리고 창세기보다 좀 더 역동적인 이야기가 담긴 '출애굽기'가 떠올랐다. 그래, 출애굽기 정도면 부모님도 들으실 만하고, 낭독하는 내게도 도전이 될 듯했다.

아버지가 옛날에 보셨을 영화의 추억을 떠올리며 이 출애굽기를 들어 주시기를, 마음을 열어 주시기를 바라는 마음으로 짧게 메시지를 녹음했다.

"아버지,

1950년대 영화 '십계'를 기억하세요? 홍해가 갈라지고 그 틈을 타서 히브리 민족은 홍해를 건너지만, 따라오던 이집트 병사들은 바닷물에 잠기는 장면이 인상적이었던 영화예요. 그 명작이 사실은 성경의 두 번째 책인 출애굽기를 소재로 한 영화랍니다.

그 옛날 이스라엘 민족은 이집트의 노예살이를 했는데요, 그때 하나님이 모세를 택하셔서 그들을 고집 센 파라

요즘 저는 아버지께 책을 읽어 드립니다

오의 손에서 탈출시킵니다. 그러고는 노예가 아닌 하나님의 자유로운 백성으로서 새로운 삶을 살게 해 주시죠. 그 후 하나님은 당신의 백성이라면 반드시 지켜야 할 규칙을 돌판에 새겨서 이스라엘 민족에게 주십니다. 그게 바로 십계명이에요. 이 이야기는 오늘날에도 우리를 속박하는 욕심, 두려움, 피해의식으로부터 구원하시겠다는 하나님의 약속과도 같은 이야기입니다.

아버지, 엄마가 오랜 간병에 지쳐 심신이 많이 피곤해지신 상태인데, 다행히 제가 읽어 드리는 성경을 들으시면 마음이 평안해지시고 잠도 잘 오신다네요. 이 이야기를 하나하나 다 이해하려고 애쓰지 않으셔도 돼요. 그저 아버지가 세상 가장 사랑하는 엄마의 건강을 위해 기도하는 마음으로 들어 보세요. 저도 두 분의 건강과 영혼의 평안을 위해 기도하며 읽을게요.

사랑합니다."

하나님의 디렉팅일 뿐

나는 세 명의 남자와 산다. 남편과 아들 둘 모두 공통된 성격을 가졌는데, 그중 하나는 자기가 좋은 건 밤을 새우면서도 하지만, 하기 싫은 일은 시키기가 무척 어렵다는 거다.

이 세 남자에게는 '옳은 것'보다는 '내가 좋은 것'이 훨씬 더 중요한 가치다. 절대로 내가 조언하는 대로 옷을 갈아입을 생각이 없으면서 아침마다 자기 옷차림이 어떤지 물어보는 남편, 밤 늦도록 공부는 안 하고 놀기에 "숙제해야 하지 않니?"라고 물으면 "내가 알아서 하는데 엄마가 그렇게 물어 보니까 기분 나빠져서 하기 싫어!"라고 화를 내는 큰아들, "건강 따지다가 먹고 싶은 거 못 먹으면 스트레스받아 암 걸린다"는 궤변을 늘어놓으며 인스턴트 음식만을 탐닉하는 작은아들. 매일의 삶에서 이런 남자들과 평화를 유지하기 위해서는 각자의 개성을 수용하고 그저 기다리는 수밖에 없다는 걸 깨달은 지는 얼마 되지 않는다.

사실 그동안 고집 센 남자들과 함께 살면서 답답한 마음을 누르며 살아오자니, '고집'은 생각만으로도 내 마음을 짓누르고 생명을 깎아 먹는 힘든 단어였다. 그런데 출애굽기를 보니 지독한 '고집 끝판왕'이 등장한다. 파라오다. 하나님은 모세를 택하셔서 이집트의 왕 파라오에게 보내신다. 이스라엘 민족을 해방시키라는 명령을 전하기 위해서였다. 노예가 나라의 큰 재산이던 시절, 파라오가 호락호락하게 그들을 해방시켜 줄 리는 만무할 터. 파라오는 끝까지 고집을 부리며 하나님의 뜻을 거스른다.

요즘 저는 아버지께 책을 읽어 드립니다

파라오가 고집을 피울 때마다 하나님은 이집트 땅에 재앙을 한 가지씩 내리신다. 물이 피로 변하는 재앙으로 시작해 개구리, 이, 파리, 가축의 떼죽음, 부스럼, 우박, 메뚜기, 흑암 그리고 마지막 모든 이집트 민족 장자의 죽음까지. 한두 가지만으로도 항복할 만한데 파라오는 지독한 고집을 부리며 이스라엘 민족의 앞길을 막아선다. 큰아들을 잃고 겨우 항복하고서도, 탈출하는 이스라엘 민족을 뒤쫓는 바람에 결국 병사들을 홍해 바다에 수장시키고 만다. 유독 고집이 센 사람을 보면 나는 이집트의 파라오를 떠올리곤 한다.

그런데 이번에 낭독을 하면서 새롭게 깨달은 부분이 있다. 그건 바로 하나님이 매번 파라오의 마음을 완강하게 만들겠다고 선포하시는 대목이다. 그리고 그 이유를 하나님의 힘을 보이기 위함이라고 설명하신다. 그러니까 파라오가 그동안 지독하게 고집부린 것조차 하나님의 뜻이라면, 그는 그저 하나님이 연출하신 영화 속 악역을 맡은 배우였을 뿐이다. 미워할 대상이 아닌 것이다. 오히려 모세가 괜히 파라오한테 가서 전하라는 하나님 말씀은 전하지 않고 "내가 하나님을 좀 아는데 당신 고집부려서 좋을 것 없으니 내 말 들어" 하면서 자기 생각을 섞어 잡음을 넣었다면 하나님의 계획이 초반부터 덜그럭거렸을지 모른다.

마찬가지로, 오늘 나도 한 고집 부리는 우리 집 남자들에게 감정을 소모해 가며 잔소리를 할 필요가 없다! 입은 옷이 어떠냐는 남편의 질문이 조금 거슬리더라도 "당신이 좋으면 나도 좋아"라고 이야기해 주면 그만이다. 큰아들이 하루 종일 놀기만 하는 것 같아도 "성적은 네가 알아서 잘할 수 있다는 걸 믿는다"라고 말해 주고 모른 척하면 된다. 둘째아들이 치즈라면 먹방을 보고 있으면 같이 보며 "맛있겠다!"라고 맞장구쳐 주면 되는 것이다. 그러다 보면 어느 날엔가 하나님의 힘에 따라 말끔히 옷을 차려입고 나오는 남편을, 자기가 가고 싶은 학교를 가기 위해 성적 관리 혼자 알아서 잘하는 아들을, 그리고 몸 만든다고 열심히 운동하며 샐러드 챙겨 먹는 기특한 아들을 만나게 될 것이라고 믿는다.

어쩌면 출애굽기 이야기는 오늘의 나에게 '내가 더 잘 안다'는 교만과 '너는 잘못됐다'는 편견에서 탈출하라고 말해 주고 있는지 모르겠다. 감독의 메가폰을 든 하나님만이 아실 것이다. 하나님은 감독으로서 각자에게 맞는 배역을 주고 그들의 연기를 디렉팅해 가고 계시다. 나 또한 실수가 많은 배우 중 하나일 뿐이라는 것을 깨닫는 것이, 매일의 우리 마음을 답답하게 묶고 있는 '오만과 편견'으로부터 자유해지는 방법이 아닐까?

요즘 저는 아버지께 책을 읽어 드립니다

아버지가 TV 뉴스를 보시겠다고 밤늦게까지 고집을 피우느라 엄마가 잠을 못 주무셨다고 한다. 유독 힘들어하는 엄마에게 말했다.

"감독님의 멋진 시나리오가 있으시겠죠. 파라오의 마음도 하나님이 완고하게 만드셨다잖아요. 아버지의 마음도 하나님이 알아서 감독하고 계실 거예요. 감독님 시나리오가 우리 시나리오보다 훨씬 나을 테니까요."

4
사랑의 아름다운 노래

마태복음

일주일 독한 감기를 앓았다. 좋아하는 책을 펼칠 기운도 없어 TV만 켜 놓은 채로 멍하니 시간을 보냈다. 순간순간 찾아오는 통증은 힘들었고 누워 있는 자리는 갑갑했다.

지치지 않는 에너자이저 같던 엄마가 아프다고 누워서 끙끙거리니 작은아이가 걱정이 됐나 보다. "엄마 괜찮아?" 하며 침대 옆자리를 비비고 든다.

"조금씩 나아지는 것 같아. 오늘은 병원 가서 수액 맞는데 간호사가 혈관 찾다가 실수로 신경 쪽을 살짝 건드렸는지 정말 아프더라고. 나도 모르게 악! 소리를 질렀어. 몸이 아프다는 건 정말 힘든 거 같아. 일주일 감기도 이렇게 지루하고 힘든데 할아버지는 13년 동안 온몸의 경련과 마비가 계속되는 상황을 어떻게 버티셨을까."

유튜브 영상과 엄마와의 대화 사이를 유연하게 오가던 녀석이 무심코 툭 한마디 내뱉는다.

"하나님의 뜻이 있지 않겠어?"

"무슨 뜻?"

"음. 할아버지의 힘든 삶을 본 누군가가 장애인을 돕는 훌륭한 시스템을 개발한다던지."

"그 누군가가 누굴까?"

아들은 머릿속으로 생각나는 사람들을 스캔하는 듯하더니, 조심스레 삐죽 웃으며 "나네. 내가 해야겠네" 한다. 진심인지 아닌지를 구별할 틈도 주지 않은 채, 아이의 눈은 스마트폰 속 영상으로 떠나 버렸지만, 내 마음엔 마치 하늘 저편에서 보내진 천사의 노래를 엿들은 듯 벅찬 감동이 밀려왔다. 하나님의 선한 뜻을 믿는 아이의 믿음이, 그리고 사랑하는 할아버지, 할머니의 아픔을 본 자신에게 맡겨졌을지 모를 소명의 가능성을 짚어 보는 아이의 성숙함이 기특하고도 감사하게만 느껴졌다.

세상 가장 아름다운 노래

아버지께 성경의 다이아몬드라고 불리는 '로마서'를 읽어 드리기 위한 1년 반의 여정이 지나가고 있다. 하나님의 깊은 사랑의 원리를 설명한 그 책을 마음 깊이 받아들일 수 있도록 도와드리기 위해, 지난 1년 반 동안 스무 권이 넘는 책을 읽었다. 그러면서 나는 아버지와 눈빛만 봐도 서로 마음이 통하는 사이가 되었다.

그동안 창세기와 출애굽기를 읽어 드리면서 하나님의 사랑, 인간의 죄성과 배반에 대해 성경이 그리는 바를 보여드렸다. 이제는 신약의 복음서를 통해서 그 속에 나타난 예수를 만나게 해 드리면 미약하나마 '로마서'를 이해하고 마음으로 받아들이기 위한 준비가 될 수도 있을 것 같았다. 그래서 다음 낭독할 책은 마태복음으로 정했다.

책을 녹음하다가 엄마와 통화하는데, 많이 지치신 듯한 목소리가 전해졌다. 당신 몸 상태까지 나빠지면 안 된다는 불안이 싹터 마음을 뒤흔드는 것 같았다. 마태복음 정도로는 위안이 되지 않는 것일까?

남편에게 낭독 파일을 들려주며 "예수님이 어떻게 느껴져?" 하고 물었다. 그러자 남편이 그런다.

"무서워."

바리새인들을 꾸짖는 예수님의 말씀을 내가 너무 딱딱하고 무섭게 전달했나 보다. 이건 아니라는 생각이 들었다. 예수님은 사랑이시지 않나! 그러다 문득 엄마가 노래를 좋아하신다는 사실이 떠올랐다. 코로나 기간 내에도 음악으로 버텼다고 하셨다. 엄마에게 위안이 되기 위해서는 음악처럼, 노래처럼 들려야 한다. 그런데 아뿔싸, 그동안은 책 내용 전달에만 급급해 소리가 아름답게 들리는지에 신경 쓰지 못했다. 나는 지금부터라도 가수가 되어 보기로 했다. 마치 노래를 부르는 것처럼 듣기 좋은 목소리로 책을 읽기로 했다.

마음가짐을 바꾸고 나니 책 읽는 것이 하나도 힘들지 않았다. 녹음된 소리도 더 편안했다. 그래서 모든 것에 힘을 빼야 한다고 말하는 거구나.

며칠 후 엄마에게 문자 메시지가 왔다.

"아버지가 나더러 당신 있는 세상에서 더 살고 싶으시단다. 저승사자가 데리러 와도 안 따라간단다."

아버지의 이 한마디가 엄마의 고된 삶의 응어리를 단번에 풀어내 버렸다!

그 오랜 세월 꼼짝달싹 못하게 하는 멍에에 묶여 있어도 당신이 지극정성으로 간병해 주니 살만하다고, 남편의 손과 발이 되어 주느라 손가락 관절이 오그라들고 발바닥이 다

닳아 없어지는 듯해도, 당신만을 사랑한다고 말하는 남편의 연가가 엄마의 영혼을 위로해 주는 노래인 것을.

"정말 무슨 변고였나 몰라. 멀쩡하던 사람을 저렇게 눕혀 놓고 13년을… 하나님이 정말 있기는 한 거니?"

그 오랜 세월 쉬지 않고 하늘을 향해 쏘아 올린 엄마의 탄식 섞인 질문이 또 한 번 터져 나왔다. 그러나 이번엔 전에 들어 보지 못한 한 마디가 이어졌다.

"하긴, 그런 일이 있었으니 우리가 하나님을 알게 되었지. 그러기 전엔 교만했었고."

그 순간 엄마의 무심코 내뱉은 한마디는 이 세상 어느 가스펠 가수도 따라할 수 없는 가장 아름다운 노래가 되어 하늘로 들려 올라갔음을 느낄 수 있었다.

요즘 저는 아버지께 책을 읽어 드립니다

5
가족들의 사랑 속에 계셨잖아

로마서 1

위기

2022년 12월 막바지, 아버지가 코로나에 걸리셨다. 증상이 그다지 심하지는 않으시단다. 전염될까 걱정되니 친정엔 얼씬도 하지 말라고 하셨다. 엄마도 양성이 나왔지만, 다행히 목감기 정도의 증상으로 가벼이 지나갔다. 아버지도 아버지지만, 코로나에 걸려도 쉬지 못하고 아버지 간병을 하고 있는 엄마의 처지가 안타까워 속절없이 애만 탔다.

"네 아부지 이상하다. 입을 꼭 다물고 물도 안 마시고 잠만 자."

전화를 하니 엄마의 힘없는 목소리가 들려 왔다. 그땐, 그저 아버지가 병을 앓으신 후, 입맛이 떨어지고 힘에 부치셔서 그런가 보다 했다.

격리 기간이 지나, 아이들과 친정에 들러 아버지 방으로 들어가는데, 언뜻 보기에도 누워 계신 아버지가 이상했다. 눈은 뜨고 계신데 초점 없이 먼 곳만 바라보셨다.

"아버지! 저 왔어요!"

큰 소리로 불러도 반응이 없었다. 처음 보는 할아버지의 모습에 아이들은 어쩔 줄 몰라 하며 말없이 서 있었다. 물도 음식도 거부하신 채, 그렇게 아버지는 몸은 아버지 방에, 영혼은 다른 곳에 가 계신 듯했다.

뒤숭숭한 상황 속에서도 크리스마스 날 모인 터라 어른들은 식탁에 둘러앉아 엄마가 준비해 주신 음식을 먹으며 이야기를 나누었다. 다섯 손주는 어느새 불안한 할아버지의 상황은 잊은 채, 보드게임 판을 앞에 두고 깔깔거리며 게임을 하고 있었다. 생각해 보면 지난 13년간 늘 그랬다. 친정집은 언제나 식구들로 북적였고, 맛있는 음식이 있었고, 이야기 소리와 웃음소리가 있었다. 아버지는 그렇게 시끌벅적한 걸 좋아하셨다.

아이들과 남편을 먼저 집으로 돌려보내고, 나는 그날 밤 아버지 곁을 지켰다. 밤이 되자 아버지가 자꾸 소리를 지르

요즘 저는 아버지께 책을 읽어 드립니다

셨다. 엄마를 부르시는지, 엄마가 주무시는 방 쪽으로 고개를 돌리고 소리를 치셨다. 엄마는 이미 며칠을 제대로 못 주무신지라 수면제를 드시고 겨우 쪽잠을 청하고 계셨다. 제게 말씀하시라고 해도 아버지는 계속 엄마 쪽을 향해 "어이! 어이!" 하며 알아들을 수 없는 소리만 지르셨다. 찾아보니 섬망이라는 증세였다. 노인들에게 나타나는 코로나 후유증 중 하나란다. '이렇게 가시는가 보다' 하는 허망함의 한숨만 나왔다.

밤을 꼬박 새고, 세 시간 남짓 자고 일어난 엄마와 동생과 앉아 이야기를 나눴다.

"아버지 아마도 이적 협상 중이신가 봐."

동생이 쓴웃음을 지으며 이야기했다.

"엄마, 《뢰제의 나라》라는 책 기억나세요? 다함이란 소년이 교통사고를 당해, 몸은 중환자실에 누워 있고 영혼이 뢰제의 나라를 떠돌잖아요. 아버지도 그런 상태 아닐까?"

엄마는 할아버지, 할머니 포함 집안 어른 여섯 분의 상을 치르고도 난생처음 보는 낯선 상황에 당황해하다가, 같이 읽었던 책의 내용을 듣자, 과연 그런 일이 가능할까 하는 표정을 지으셨다. 인간이란 이렇게 약한 존재인데, 정신이 있을 때 아무리 고개를 쳐들며 힘자랑을 해도 죽음의 고비 앞에선 이렇게 무기력해지고 마는데. 마음 한 구석이 뻥 뚫린 것 같았다.

"너무 불쌍하잖아. 어쩌다 말년에 저렇게 고생하고 누워 지내다 가는 게…."

좀처럼 울지 않는 엄마의 눈시울도 마지막이 가까워오는 듯한 상황에 어느새 촉촉하게 젖어 든다.

"어쩌겠니. 닥치는 대로 감당해야지."

아버지의 장례를 어디서, 어떤 식으로 치를지 상의했다. 엄마는 성당 신부님께 죽음을 앞둔 자를 위한 '종부성사'를 요청하겠다고 하셨다. 그러고는 고운 비단 보자기로 싸 놓은 아버지의 영정사진을 꺼내 보여 주셨다. 사진 속 아버지의 얼굴은 생명력이 가득하고 눈에는 명철함이 돋보였다. 그 멋진 아버지의 얼굴을 오래 마음속에 담아 두고 싶어 색연필을 꺼내 사진 속 아버지의 얼굴을 그리기 시작했다. 아버지의 영혼이 그 어느 곳에 도착하시건 평온하시기를 간구했다.

로마서를 향해 달려온 길

집으로 돌아오는 내내, 나 또한 몸은 지하철 좌석을 차지하고 있었지만 마음은 친정집에 계신, 아니 어느 곳에 계신

요즘 저는 아버지께 책을 읽어 드립니다

지 정확히 알 수 없는 아버지의 영혼을 찾아 헤매고 있었다. 그 13년을 병원 침대에 누워 움직일 수 없었던 아버지. 어쩌면 아버지에겐 몸의 죽음만이 다시 사는 길일지도 모른다. 지긋지긋하고 갑갑한 삶으로부터 진정한 해방은 어쩌면 이 길만이 유일할지도 모른다.

'그래도 아버지는 마지막까지 가족의 사랑 속에 계셨잖아!'

스스로를 다독였다. 그렇지만 급해진 마음은 어쩔 수 없었다. 아버지께 꼭 로마서를 꼭 읽어 드리고 싶었다. 아버지의 영혼만이라도 로마서를 들으실 수 있기를 기도하며, 핸드폰의 녹음 버튼을 누르고 읽어 내려갔다.

"아버지!

얼마나 힘들고 두려우셨어요? 며칠 전 영상통화를 할 때도 괜찮으신 듯했는데, 한참 만에 힘드신 모습 뵈니 가슴이 아픕니다.

이제 며칠만 지나면, 2023년 새해가 시작됩니다. 3년 전, 교회 새벽기도회에서 세계적으로 유명한 노령의 한 영국인 목사님 설교를 들었습니다. 설교가 끝난 후, 용기를 내 목사님을 찾아가 물었습니다. 아버지가 사지마비로 누워 계신데, 성경 어느 부분을 읽어 드리면 좋겠느냐고요. 그때 그분이 기도하듯 한참 눈을 감고 있다가 '로마서!'라고 답해 주었습니다. 시간이 지나면서 그 장면이 머릿속에서 떠나지 않았습니다. 아버지께 언젠가는 로마서를 읽어 드려야지 생각했지요.

로마서는 사도 바울이 기독교를 핍박하다가 예수 그리스도를 만나 회심하고, 로마교회 교인들에게 복음의 원리에 대해 설명하기 위해 쓴 편지글입니다. 짧지만 그 가치가 커서 성경의 꽃으로 불리지요. 하지만 처음 대할 때는 이해하기 쉽지가 않아요. 사실 그동안 책을 읽어 드렸던 것은 이 로마서를 위해서라고 해도 과언이 아닙니다. 아버지, 저희 삼남매와 다섯 손주의 뿌리가 되어 주심 감사합니다. 병상에서도 명철한 모습으로 저희의 앞길을 생각해 주시고 사랑을 보여 주셔서, 저 또한 아버지처럼 나이 들고 힘들어도 명철함과 사랑을 잃지 않겠다는 목표를 갖게 해 주심에 감사합니다. 무엇보다 세상 그 어떤 남편도 보여 줄 수 없는 신뢰와 사랑의 눈길로 엄마를 바라봐 주셔서, 엄마가 그 힘으로 우리에게 사랑을 베풀 수 있는 울타리가 되어 주실 수 있었어요. 정말 감사합니다. 아버지 사랑합니다!"

이것이 아버지와 마지막 대화라면 아쉽지만 그래도 감사하다. 그동안 아버지와 책을 읽고 대화하며 아버지를 마음의 눈으로 볼 수 있었다. 나는 아버지에 대해 더 많이 알게 되었고, 더 많이 사랑하게 되었고, 아버지의 딸로서 긍정적인 자아상을 얻을 수 있었다. 눈빛만으로 서로의 마음을 알 수 있는 아버지와 딸 사이, 그것이 아버지의 고난이 그 마지막 끝자락에서 나와 아버지에게 준 선물이었다. 그러니 헤어질 때도 웃으며 인사할 수 있지 않을까?

쉽지는 않을 듯하다. 생각만으로도 어느새 눈물이 두 볼을 타고 흐르고 있으니까.

6

사랑이라는 말보다 더 큰 사랑

로마서 2

돌아오신 아버지

"아버지 정신 나신 듯합니다. 다 알아보시네요. 우리의 간절한 기도를 들어주셨나 봅니다!"

막냇동생으로부터 믿기 어려운 문자 메시지가 왔다. 4박 5일을 물도 거부하고 사람도 못 알아보는 섬망 증세를 보이시던 아버지가 신부님과 성당 자매님들의 심방 후 거짓말같이 깨어나셨단다. 사람도 알아보시고 며칠 동안 한 자세로 누워 계셨으니 체위를 변경해 달라 하셨단다.

"우리 집에 성령이 임했나 봐."

전화기 너머로 엄마의 격양된 목소리가 들려왔다. 아버지

요즘 저는 아버지께 책을 읽어 드립니다

는 지난 4박 5일에 대해 전혀 기억이 없으시단다. 생을 마감하는 자를 위한 마지막 미사, 종부성사! 그 소리를 듣고 깨어나시다니.

다시 찾은 친정집엔 현관부터 따뜻한 온기가 맴돌았다. 지난번과는 공기부터 달랐다. 방에 들어서자 아버지는 딸의 모습에 반색하셨다. 내가 "아버지! 저 누군지 알아보시겠어요?" 하니 "우리 큰딸! 내가 내 딸을 왜 몰라!" 하며 기뻐하셨다.

"저번에 애들 왔을 때도 못 알아보시고, 밤에도 계속 소리치시던 거 생각 안 나세요?"

아버지는 고개를 가로로 내저으셨다.

"우린 아버지가 저쪽 세상으로 이적 협상 중이신 줄 알았어요."

아버지가 피식 웃으신다.

"조건이 너무 안 맞아서 그냥 돌아왔어!"

특유의 유머로 맞받아치시는 것 보니 정신이 돌아오신 게 확실하다.

"아버지 부활하셨어요. 이젠 예수님의 부활 사건도 믿으시겠네요!"

"그럼!"

"아버지 돌아가실 것 같으니 엄마가 얼마나 슬퍼하셨는
지 몰라요."

"죽지 않고 돌아왔으니 다행이지."

아버지는 여전히 엄마 사는 이 세상에 살고 싶으신가 보다.

다시 로마서를 향해

그렇게 아버지는 다시 깨어나셨고 점점 기력을 회복하셨
다. 그러나 돌아온 기쁨도 잠시, 자신의 힘으로는 좀처럼 움
직일 수도 없고, 먹은 것을 배설할 때는 사랑하는 가족을 괴
롭혀야 하는 삶이 기다리고 있었다. 결국 아버지가 식사를
안 하겠다고 하셨다. 엄마가 물었다.

"왜 안 드셔?"

"먹으면 또 똥 나오잖아. 안 먹을래."

"괜찮아, 먹어. 먹어야 힘 나지. 나오면 내가 치워 줄게."

에드거 앨런 포(Edgar Allan Poe)의 시 "애나벨 리"에는 이런
구절이 나온다.

"We loved with a love that was more than love."
(우리는 사랑이라는 말로 설명할 수 없는 더 큰 사랑을 했다.)

요즘 저는 아버지께 책을 읽어 드립니다

아버지와 엄마는 결혼 후 52년을 같이 사셨다. 그중 13년을 상상하기도 힘든 고난의 세월을 함께하셨다. 때로는 이 힘든 상황이 기가 막히고 한스러워 모진 말로 서로의 마음에 생채기를 내기도 했지만, 죽음의 문턱에서 '헤어짐'을 간신히 비껴간 두 사람은 단지 사랑이라는 말로 부르기에는 너무도 아름답고 숭고한 사랑의 노래를 부르고 계셨다.

3년 전 새벽기도에서 만난 영국인 노목사는 왜 아버지께 로마서를 읽어 드리라고 했을까? 아니, 하나님은 왜 그 목사님의 입을 통해 신앙의 배경이 전혀 없으신 아버지께 크리스천에게 조차 쉽지 않은 로마서를 읽어 드리게 했을까?

13년 전 아버지의 사고로 인해 나는 기도할 곳과 기도할 대상이 너무나도 절실해 처음으로 제 발로 교회를 찾았다. 그때는 성경이 무엇인지, 복음이 무엇인지 따위는 알지도 못했고 관심조차 없었다. 그저 원하는 걸 달라고 조르는 아이처럼 "하나님이 진짜 계시다면 왜 바르게 사신 우리 부모님이 저런 고난을 겪으셔야 하는지 설명해 주세요. 아버지가 다시 설 수 있게 해 주세요" 하고 떼를 썼다. 그러나 하나님은 묵묵부답이셨다.

침묵으로 일관하시는 하나님께 제대로 항의하고, 매달리고, 씨름하기 위해 나는 성경을 읽기 시작했다. 그러고는 성경과 책 속에서 하나님을 만나고, 고난의 의미를 깨닫고, 나를 찾았다. 40대 중반까지 살면서 풀리지 않던 퍼즐이 그 안에서 모두 풀려나가는 듯했다. 그 기쁨이 너무도 커서 혼자만 누리고 끝낼 수가 없었다.

7-8년 전 교회 새신자 예배에 아이들과 함께 참석한 날, 성경 구절이 달린 장미 세 송이를 선물로 받았다. 각각 다른 세 장의 성경 구절을 그때 이후로 책상 유리 밑에 꽂아 두고 있다.

"그분을 영접한 사람들, 곧 그분의 이름을 믿는 사람들에게는 하나님의 자녀가 될 권세를 주셨습니다." 요 1:12

"그러므로 형제들이여, 내가 하나님의 자비하심으로 여러분에게 권합니다. 여러분의 몸을 하나님께서 기뻐하시는 거룩한 산 제물로 드리십시오. 이것이 여러분이 드릴 영적 예배입니다." 롬 12:1

"여러분이 하나님의 뜻을 행한 후에 약속을 받기 위해서는 인내가 필요합니다." 히 10:36

과연 책읽기가 아버지 구원에 도움이 될까 의문이 들 때마다, 하나님이 있기는 하냐는 엄마의 한탄을 접할 때마다,

성경은 무슨 이야기인지 하나도 모르겠다고 하시는 아버지의 말씀을 들을 때마다, 책상 위 말씀 카드를 쓰다듬으며 마음을 다잡았다. 그렇게 2년이 지났다. 그동안 잘 모르던 나의 아버지를 어느 때보다 잘 이해하게 되었고, 부모님과의 관계가 그 어느 때보다 사랑으로 충만하게 되었다.

두 분 또한 고난에 대해 더 큰 뜻이 있을 거란 기대가 조금씩 생기는 듯했다. 엄마는 잠이 오지 않을 때마다 수면제 대신 내 낭독 파일을 반복해 들으며 잠을 청하신다고 했다. 그러나 아버지는 여전히 하나님의 존재에 대해서는 거부감도 있으시고 성경은 마음에 들어오지 않는다고 하셨다. 그런데 섬망에서 정신이 드신 후 아버지의 언어가 달라지기 시작했다.

"너 글 쓴다며 왜 책은 안 나오니? 신문에도 나오고 그래야지."

"올해 안에 책은 내려고 해요. 신문에까지 나오려면 책이 유명해져야 하는데 아버지 기도 좀 해 주세요."

"오, 주님! 나의 훌륭한 딸에게 빛을 비춰 주소서!"

아버지는 들어 본 지 오래된 쩌렁쩌렁한 목소리로 하늘을 쳐다보며 기도를 올리셨다. 평생 처음 들어 보는 아버지의 간절한 기도였다.

로마서의 핵심 중 핵심이라는 8장은 이렇게 끝을 맺는다.

누가 우리를 그리스도의 사랑에서 끊을 수 있겠습니까? 환난이나 곤고나 핍박이나 배고픔이나 헐벗음이나 위험이나 칼이겠습니까? … 그러나 이 모든 일에 우리를 사랑하시는 분으로 인해 우리가 넉넉히 이깁니다. … 어떤 피조물도 그리스도 예수 우리 주 안에 있는 하나님의 사랑에서 우리를 끊을 수 없습니다." 롬 8:35-39

마치 하나님 음성이 들리는 듯하다.

"내가 너와 너의 가족들을 너무도 사랑한단다. 너희 아버지와 엄마가 겪는 고난을 그 누구보다 내가 가장 가슴 아파한단다. 그러니 그분들을 사랑하는 딸로서 나의 사랑을, 나의 이야기를 전해다오. 쉽지는 않을 거다. 그러나 나를 믿고 따라오렴. 힘들 때마다 내가 함께한다는 것을 잊지 말아라. 그리고 때가 되면 내가 약속한 것을 이루는 때가 올 것이다."

어쩌면 이것이 6년쯤 전 늦봄, 이른 은퇴 후, 나의 부모님에게 허락하신 고난의 의미를 알려 달라고, 나의 인생길을 보여 달라고 신에게 쏘아 올린 질문에 대한 답인지도 모른다. 이렇게 이야기에 바쳐진 내 인생 2막이 시작된 듯하다.

부모님과 함께 책을 읽으며 보낸 지난 2년, 부모님을 위해 시작한 일이었지만 돌아보면 나 자신의 존재의 뿌리에 물을 주는 귀한 시간이었음을 고백한다. 과분한 사랑을 선물로 받은 감사한 시간이었다. 아버지의 건강이 좋아질 수 있을지, 또 앞으로 얼마나 사실 수 있을지는 오로지 하나님만이 아시는 일이다.

하나님이 뜻하시는 궁극의 선이 어떤 것일지 지금으로선 그 누구도 알 수 없는 일이다. 어쩌면 하나님이 원하시는 궁극의 선이란 아버지와 나의 마음에 새겨진 서로에 대한 사랑과 믿음, 또한 그 모든 것을 가능하게 하시고 함께해 주신 하나님의 사랑을 믿는 믿음, 그 마음 자체가 아닐런지. 그 마음이 자양분이 되어 아버지와 나의 영혼을 어루만지고 힘을 주어 또 다른 선으로 향해 앞으로 나아갈 수 있게 할 테니까. 그 여정의 이야기가 나의 아이들과 아이들의 아이들에게 남겨질 테니까.

Epilogue

    다시 책 초반에 언급한 제 인생 세 가지 질문으로 돌아가 보겠습니다. 질문 각각의 무게가 가볍지 않은 것들이며 평생을 거쳐 답을 구해 가야 할 것이라 겨우 몇 년의 공부로 답을 얻었다고는 절대 말씀드릴 수 없습니다.

    다만, 질문 없이 성공만을 향했던 제 삶과, 질문을 가진 이후의 삶은 그 농도와 깊이가 다르다는 것만은, 그리고 질문을 던지는 순간 누구도 따라할 수 없는 자신만의 길로 들어서는 문의 열쇠를 손에 쥐는 것이라는 것만은 지난 6년간의 경험을 통해 느낄 수 있었습니다. 우리나라 부모들은 아이가 학교에서 돌아오면 "학교에서 오늘 무엇을 배웠는가?"라고 물어보는 반면, 유대인 부모들은 "학교에서 오늘 어떤 질문을 했는가?"라고 묻는다고 하지요. 유대인들은 정체성을 찾고 개인의 열정을 이끌어내는 데 있어 질문의 중요성을 알고 있었나 봅니다.

길을 찾는 여정을 돌아보면 나 자신을 위해, 가족을 위해 쉼을 갖는 시간은 절대 손해보는 것이 아니라는 것을 느꼈습니다. 특별히, 아이들의 적성과 진로를 고민하며 내가 먼저 공부하고, 또한 부모님들과 책을 읽고 대화하면서 나 자신에 대해 더 잘 알 수 있었습니다. 영화감독이 꿈이라는 아이를 위해 스토리텔링을 공부하며 제 안에 숨은 스토리텔링의 열정을 찾아냈고, 부모님께 책을 읽어 드리며 낭독자로 훈련이 되기도 했으니, 나의 길로 향하는 열쇠는 어쩌면 내 가장 가까운 사람들을 아끼는 마음속에 숨겨진 것이었나 봅니다.

아이들의 교육과 관련된 부분에 대해서는 교육 고전《에밀》에 나오는 '천성을 살리는 교육'을 하기 위해, 성경적으로는 '하나님이 지으신 대로의 자신을 발견할 수 있도록' 돕기 위해 아이 둘 다 좋아하는 분야를 찾아 몰입하도록 유도하고, 그것이 가능한 환경으로 인도하기 위해 애를 쓰고 있습니다만, 아이들이 둘 다 아직 온전히 열매 맺기 전, 고등학생의 신분이고, 저 또한 실수가 많은 부모라 자식에 대한 이야기를 자세한 글로 적는 것은 섣부른 일이기에 이 책에선 그 부분의 이야기는 가능한 덜어 냈습니다.

1차 목표였던 책 출간을 위한 원고를 마무리하며 앞으로 내가 하고 싶은 일, 하나님이 제 인생의 다음 단계에서 이루기를 바라시는 선은 무엇일까 생각해 보게 되었습니다. 제가 이야기를 통해 나를 찾고, 부모님과 사랑을 나눴듯, 많은 사람이 이야기를 통해 자신과 삶의 의미를 발견하고 길을 찾는 과정에 함께하고 싶습니다. 병마와 싸우느라 지친 환자들, 자라나는 아이들, 진로를 찾는 청소년, 삶의 새로운 방향을 찾기 원하는 모든 사람들이 성경과 책을 통해 하나님이 각자의 마음속에 심어 두신 빛을 발견할 수 있도록 돕는 사람이 되고 싶습니다.

낭독하기에 적당치는 않아 아버지께 읽어 드리지는 못했지만 지난 6년간 제 자신의 길 찾기와 치유에 도움을 준 어렵지 않은 책 몇 권을 소개하는 것으로 이 책의 이야기를 가름하려고 합니다. 작가 별로 한 권의 책을 소개하지만 대부분 여기 소개된 작가의 책을 한 권만 읽은 경우는 없습니다. 가능한 여러 책 속에서 그분들의 생각과 사유라는 진정한 럭셔리를 느껴 보고자 합니다. 세상 가장 가성비 훌륭한 극강의 럭셔리인 거지요.

1. **성경** : 만약 천여 권의 책이 꽂힌 저희 집 서재가 불타고 있는데 단 한 권의 책을 가지고 나갈 수 있다면 저는 단

요즘 저는 아버지께 책을 읽어 드립니다

연코 성경을 택할 것입니다. 성경 전체를 읽는 경험은 제 인생에서 누린 가장 큰 은혜였고 앞으로도 멈추지 않을 제 예배입니다.

2. **죽음의 수용소에서**(빅터프랭클, 청아출판사): 고난의 의미에 대해 이 책만큼 실제 경험을 담담하면서도 기품 있게 표현한 책을 찾는 것은 쉽지 않을 듯합니다. 책을 읽다가 알 수 없는 눈물이 터져 한참을 울었습니다.

3. **나니아 연대기**(C.S. 루이스, 시공주니어): 아동문학 맞습니다. 일곱 권 통틀어 한 번도 하나님과 예수님이란 표현을 쓰지 않고도 복음의 원리를 기가 막히게 설명한 책입니다. 같은 걸 얻는 데 굳이 어려운 길을 택할 필요가 있을까요? 그래서 C.S. 루이스가 존경받는 스토리텔링의 대가인 듯합니다.

4. **소명**(오스기니스, IVP): 인생에서 궁극으로 찾아야 하는 것은 하나님이 나를 지으신 뜻을 찾는 것이라고 말하는 이 책은 제목만으로 제게 의미 있는 책입니다. 길을 찾는 사람에게 필독서입니다.

5. **심연**(배철현, 21세기북스): 이 책을 읽으며 자신을 찾으라는 북소리가 제 안에서 시작되었습니다. 저는 은퇴하는 분들에게 이 책을 선물하곤 합니다.

6. **팀 켈러의 왕의 십자가**(팀 켈러, 두란노): 기업에서 리더로

무거운 책임 속 중압감을 느끼며 하소연할 곳조차 없이 쉽지 않은 시간들을 보낼 때, 제게 와 준 고마운 책입니다. 마가복음 속 복음의 원리를 지적이면서도 쉽게 설명한 이 책에는 구절마다 형광펜으로 밑줄을 그어 가며 진리를 찾고자 갈구했던 당시의 흔적이 남아 있습니다. 후배들에게도 강력하게 추천했던 책입니다.

7. **다윗과 골리앗**(말콤 글래드웰, 김영사): 현재 미국에서 가장 유명한 대중작가 중 한 사람인 저자가 다윗과 골리앗이라는 구약성경의 이야기가 현실에서 진실이 될 수 있는가를 다년간 조사해서 쓴 책입니다. 진리는 현실에서 살아 있지 않으면 공허한 울림이 되고 말지요. 인공지능과 공존해야 하는 시대엔 살아 있는 지식, 살아 있는 진리를 찾아내지 못하면 인간의 가치는 사라지고 말 겁니다.

8. **동의보감, 몸과 우주 그리고 삶의 비전을 찾아서**(고미숙, 북드라망): 몸은 하나님이 선물해 주신 나라는 존재를 담는 성전이라고 하니 몸을 잘 알고 관리하는 것은 중요한 일이라 생각합니다. 동의보감은 몸에 대한 최고의 인문학이라 할 수 있습니다. 몸에 대한 이야기를 이렇게 재미있게 읽을 수 있다는 것이 얼마나 큰 호사인지요.

9. **에이트**(이지성, 차이정원): "인공지능에게 대체되지 않는 나를 만드는 법"이란 부제가 달린 이 책은 인공지능과 함

요즘 저는 아버지께 책을 읽어 드립니다

께 살아야 하는 인간이 어떤 능력을 갖추어야 하는지에
대해 이야기하는 책입니다. 나와 아이들의 미래를 위해
읽고, 자녀 교육을 고민하는 학부모님들에게도 추천했던
책입니다.

10. **영성에도 색깔이 있다**(게리 토마스, 도서출판 CUP) : "하나님
    이 설계하신 나만의 영성을 찾는 법"이란 부제가 달린
    이 책은 하나님은 우리를 독특한 의도에 따라 모두 다르
    게 지으셨고 영성을 느끼는 통로 또한 다르기에 획일화
    된 영성에서 벗어나 자기다운 영성의 길을 발견할 수 있
    다고 이야기합니다. 숲에서 하나님을 느낀 순간을 기억
    하며 읽었던 책입니다.

독서를 통해 여러분 또한 인생의 간절한 질문들을 하늘에
쏘아 올릴 수 있게 되기를, 답을 구하는 여정에서 영혼의 울림
을 주는 이야기들을 만날 수 있게 되기를, 그리고 그 이야기를
통해 새로운 희망을 얻을 수 있기를 간절히 기도합니다.